한국 근대 여성 교육의 기틀을 다지다

아펜젤러

이화 역사의 뿌리를 찾아서 2

한국 근대 여성 교육의 기틀을 다지다

아펜젤러

김성은 지음

이화여자대학교출판부

책머리에

앨리스 아펜젤러Alice Rebecca Appenzeller는 이화학당의 제6대 당장이자 이화여자전문학교(이하 이화여전)의 초대 교장이다. 1886년 메리 스크랜튼Mary Fletcher Scranton이 한국 최초의 여성 교육기관인 '이화학당'을 시작한 이래, 1910년 제4대 당장인 룰루 프라이Lulu E. Frey가 대학과를 설립하여 한국 여성 고등교육의 새 장을 열었으며, 아펜젤러는 이러한 스승들의 뜻을 이어받아 이화여전을 출범시키고 지금의 신촌 캠퍼스를 건립, 종합대학으로서 이화여자대학교의 토대를 마련한 인물이다.

아펜젤러는 1922년에 당장 취임을 한 뒤, 1925년에 이화학당 대학과를 이화여전으로 독립시키고 인가받았다.

이화여전의 설립은 크게 두 가지 의미를 갖는다. 첫째, 일제 치하에서 만들어진 한민족의 고등교육기관이라는 것이다. 당시 일제는 철저하게 우리 민족이 교육의 권리를 찾는 것을 막아놓았고, 독립적이고 주체적인 사상을 갖는 것도 모든 수단과 방법을 동원해 방해했다. 아펜젤러는 그 상황에서도 대학교육을 지

향하는 이화여전의 인가를 이끌어낸 것이다. 이는 한국 교육 선교사로서 일생일대의 업적이었다.

둘째, 여성 고등교육의 원동력으로서 여성을 사회에 필요한 일꾼으로 길러냈다. 1920년대는 개화가 한창 진행 중이었지만 여전히 사회는 여성의 고등교육에 회의적이었다. 여자는 보통교육만 받아도 교육을 많이 받았다고 여겨지던 시대였다. 먹고살기도 힘든 데다가 여성 대부분이 문맹이었기 때문에, 이른바 깨어 있는 지식인들조차 여성의 대학교육보다는 보통교육의 확충을 주장했다. 따라서 학문 위주의 대학교육이 아니라 실업 위주의 가정 · 가사교육을 강화해야 한다는 입장이 지배적이었다. 이런 분위기 속에서도 아펜젤러는 교육이란 현재만이 아니라 미래까지 볼 줄 알아야 한다고 생각했다. 그녀는 한국 여성의 잠재력을 알아보고 그에 걸맞은 미래 성장 동력을 마련해야 한다고 믿었다.

아펜젤러는 이화여전 설립과 더불어 새로운 캠퍼스 건설에 돌

입했다. 1910년대 후반, 이미 정동 캠퍼스는 포화 상태였으며, 일찍이 여자대학의 설립을 희망했던 아펜젤러는 안팎으로 대학으로서의 면모를 다지기 위해 전문학교 개교 준비와 동시에 새로운 캠퍼스 부지를 마련해 한국 최초의 여자대학 건설의 시작을 알렸다. 하지만 신촌 캠퍼스 조성 과정은 순탄하지 않았다. 그녀는 안식년 동안에도 쉬지 않고 미국 전역을 돌며 캠퍼스 설립자금을 구해야 했다. A4지 11장에 빽빽이 적힌 사람들의 이름과 주소들이 말해 주듯, 그녀는 많은 사람을 만나 설득하고 강연을 하며 모금 활동을 벌인 끝에, 1935년에 이화의 새 보금자리를 마련할 수 있었다. 신촌 캠퍼스의 완성은 단순히 공간 확장의 의미를 넘어 이화가 대학으로 발전하는 꿈을 이루기 위한 새로운 도전이었다.

1880년에서 1930년에 이르기까지 수많은 선교사가 한국에 와 있었다. 당시 한국은 다른 나라에 비해 교육 · 환경 · 사상 모든 면에서 폐쇄적이고 불우했기 때문에 선교사들은 생활 개선,

계몽, 교육에 많은 힘을 쏟았다. 만약 아펜젤러를 여느 선교사들처럼 경제적으로 어려운 나라에 와서 열심히 사회봉사를 한, 그저 고마운 선교사 정도로만 본다면 이는 이화에 대한 '그녀의 존재'를, 한국 여성 교육에 기여한 '그녀의 위상'을 과소평가하는 것이다. 아펜젤러는 낙후되었던 조선의 여성 교육을 끌어올려 조선 여성의 지위를 찾아주었을 뿐만 아니라, 오랫동안 숨죽이며 살았던 조선 여성들의 '자아'에 생명을 불어넣었다. 아펜젤러는 이 땅의 여성들이 스스로 자신의 이름을 찾고 드높일 수 있도록 해주었다. 따라서 필자는 앨리스 아펜젤러를 '선교사missionary'보다는 '선지자visionary'라고 칭하고 싶다.

차 례

부록

조선에서 태어난 선교사의 딸

앨리스의 탄생은 조선인에게도 놀랄 만한 일이었다. 1800년대부터 조선에 외국인이 드나들기는 했지만, 조선에서 태어난 서양 아기는 처음이었다. 그러니 인형처럼 예쁘게 생기고 푸른 눈을 가진 아기의 탄생은 그 자체로 조선인들에게 사건이 될 수밖에 없었다.

앨리스 R. 아펜젤러(Alice Rebecca Appenzeller, 1885~1950)

단아하고 고전적인 분위기의 한 강의실, 아름다운 푸른빛이 감도는 회색 눈을 가진 60대 초반의 중년 부인이 기품이 묻어나는 걸음걸이로 강단에 섰다. 은빛이 도는 회색 곱슬머리의 중년 부인은 위엄 있고 당당한 모습으로 영시 한 편을 읊기 시작했다. 그렇게 한창 수업이 진행되고 있을 때, 만년필로 열심히 필기하던 한 여학생이 팔꿈치로 잉크병을 책상 밑으로 떨어뜨렸다. 마개가 열려 있던 잉크병은 떼구루루 구르면서 바닥을 시커멓게 만들어버렸다. 중년 부인은 황급히 강의실 밖으로 뛰어나가더니 어디선가 걸레를 들고 와서 몸을 구부리고 직접 잉크로 물든 마룻바닥을 공들여 닦았다. 바닥을 다 닦고 난 푸른 눈의 중년 부인은 유창한 한국말로 학생들에게 말했다.

> 여러분, 이 건물은 여러분만 배우고 말 건물이 아니에요. 여러분이 졸업한 뒤로도 많은 후배들이 두고두고 들어와서 배워야 할 곳이에요.

이 말에 학생들은 잠시 숙연해졌다. 다음 날, 잉크병을 떨어뜨렸던 학생은 잉크 지우는 약을 구해와 바닥에 남은 얼룩을 말끔히 지웠다.*

누구보다도 '이화'를 사랑한 푸른 눈의 중년 부인, 평생 '이화'

를 목숨처럼 아꼈던 미국 여인, 그녀가 바로 '앨리스 아펜젤러 Alice Rebecca Appenzeller'이다. 아펜젤러는 이화학당 제6대 당장으로, 지금의 신촌 캠퍼스 시대를 연 인물이다. 이화학당을 이화여자전문학교로 발전시킨 아펜젤러는 오늘날 이화여자대학교의 초석을 다진 인물이라고 해도 과언이 아니다.

기나긴 인연의 시작

아펜젤러와 한국의 인연은 그녀의 아버지인 헨리 아펜젤러 Henry G. Appenzeller로부터 시작됐다. 헨리 아펜젤러는 정동제일교회와 배재학당을 설립한 인물로, 한국 감리회 최초의 선교사였다.

헨리 아펜젤러는 결혼 전부터 이미 조선 선교를 결심하고 있었다. 그는 대학교 3학년 때 목사가 되기로 결심, 졸업한 뒤에는 뉴저지 메디슨에 있는 드루신학교Drew Theological Seminary에 진학해 신학을 공부했다. 그는 신학교 졸업 후 사랑하는 약혼자 엘라 닷지Ella Dodge에게 장문의 편지를 보내 조선 선교에 대한 자신의 포부를 밝혔다. '조선 선교'란 미국의 가족과 친구들을

---

* 민숙현 · 박해경, 『한가람 봄바람에 : 이화 100년 야사』, 지인사, 1981, 75–76쪽.

떠나 낯선 나라 조선에서 살아야 한다는 것을 의미했지만 엘라 닷지는 헨리 아펜젤러의 동반자이자 기독교인으로서 이를 기꺼이 받아들였다. 두 사람은 1884년 12월 17일에 결혼식을 올리고 이듬해 2월에 스크랜튼 일가와 함께 샌프란시스코에서 조선으로 향하는 배에 올랐다. 그가 미국 북감리회 최초의 조선 선교사로서 조선에 첫 발을 내디딘 것은 1885년 4월 5일, 조선 선교를 결심하고 아내와 함께 1885년 2월 3일에 미국을 떠난 지 두 달 만이었다. 이때 아펜젤러 부인은 임신 중이었다. 아펜젤러 가족은 이렇게 태평양을 건너 지구 반 바퀴를 돌아 두 달 만에 부산을 거쳐 제물포에 다다랐다.*

남존여비 사상에 눌린 조선 여성들의 삶

헨리 아펜젤러가 조선에 도착해서 가장 놀란 것은 바로 조선 여성의 지위와 생활이었다. 그는 가정 안에서 드러나는 조선 여성의 지위와 생활에 대해 다음과 같이 묘사했다.

> 조선 여성에게 젊음이 없는 것이 가엾다. 조선 여성에게

---

* Daniel M. Davies, *The life and thought of Henry Gerhard Appenzeller(1858–1902), missionary to Korea*, Lewiston, N.Y. : E. Mellen Press, c1988, p.105.

는 우리(선교사)가 알고 있는 의미의 소녀 시절이 없다. 조선 소녀들은 8살이나 9살이 될 때까지는 공기와 빛에 노출되어 살아가지만, 그 이후로는 평생 완전히 죄수처럼 갇혀 지낸다. 오직 소년들만이 교육을 받는다. 또 조선 남성들은 결혼하기 직전까지도 아내의 이름조차 몰랐으며, 소녀들에게 붙이는 이름 가운데 어떤 것은 돼지우리에 사는 사람이나 쥐덫 또는 헛간을 연상시키는 단어도 있다. 조선에서 여성들은 오랫동안 한 남성의 딸이나 아내나 어머니였을 뿐, 자기 자신의 인격을 가진 존재가 아니었다.*

그가 본 조선 가정의 모습도 충격적이기는 마찬가지였다.

조선인들에게는 우리가 알고 있는 진정한 의미의 가정은 없다. 남편은 결코 아내와 함께 식사하지 않는다. 아주 가까운 친구들 외에는 아내를 보는 것이 허용되지 않는다.**

조선에 선교사가 들어오면서 서양 가정의 모습이 알려지자,

---

* 이만열 편, 『아펜젤러 : 한국에 온 첫 선교사』, 연세대학교출판부, 1985, 105–106쪽.
** 『아펜젤러 : 한국에 온 첫 선교사』, 105쪽.

여러 계층에 속한 조선의 부모들은 자식들이 학교 교육뿐 아니라 미국인 가정에서 일상 전반에 걸친 가르침을 받고자 했다. 기독교 가정이 보여주는 교육의 힘에 강한 인상을 받았기 때문이다.* 하지만 그들의 자식이란 모두 '아들'뿐이었다. 조선에서 '여성'은 모든 혜택의 뒷전에 있는 존재였다. 헨리 아펜젤러는 이러한 조선 여성의 상황을 무척 가슴 아파 했다. 이러한 그의 인식은 훗날 아펜젤러의 사명감에 영향을 주어 미감리회 해외여선교회The Women's Foreign Missionary Society of the Methodist Episcopal Church(이하 WFMS)의 여성 선교사로서 35년간 한국에서 여성 고등교육을 위해 헌신하도록 영향을 미치기도 했다.

헨리 아펜젤러는 당시 조선의 사회상을 보고 남편과 아내가 동반자적인 위치에서 함께 아이를 키우며, 남자아이와 여자아이를 평등하게 키우는 기독교 가정의 모습을 보여주고, 이를 조선인들에게 가르쳐야겠다고 생각했다. 선교사는 문명의 옹호자인 동시에 스스로도 가정을 꾸려가는 사람이었기 때문에, 서구 기독교 가정의 역할 모델로서 선교사 가정의 모습을 조선인에게 보여주는 것이 유용하다고 생각했다. 선교사 가정의 모습 그 자체는 선교지와 선교 대상자에게 문명과 기독교에 대한 실물

---

* 『아펜젤러 : 한국에 온 첫 선교사』, 120쪽.

교육이자 선교 활동이었다.*

다행히 조선인에게 선교사의 집은 말로만 듣던 서양 문물이 잔뜩 놓인 진열장이라도 되듯이 호기심의 대상이었다. 아펜젤러 부부가 조선인에게 선교사 가정의 모습을 공개하기로 결정하기 전부터 사람들은 아펜젤러가 사는 집 유리창을 기웃거리며 외국인과 외국인의 선교 모습을 훔쳐보았다.

이러한 관심은 조선인의 의식을 변화시키고 선교 활동을 하는 데 큰 도움이 되기도 했지만 한편으로 프라이버시를 침해당해 성가시기도 했다. 이에 이화학당에서는 아예 일정한 날을 잡아 부녀자들이 마음껏 학교와 선교사의 사저를 구경할 수 있도록 개방했다. 해마다 5월이 되면 부녀자의 날을 정해 조선 여성들이 학당을 견학하고 구경하게 하는 것이 연중행사가 됐다. 적으면 수백 명, 많으면 하루 1,000명 이상이 모여 아침부터 저녁까지 학당 이곳저곳과 선교사들의 생활상을 구경했다.

조선인들이 이토록 선교사의 집에 관심을 가진 것은 양옥의 설비, 장식, 모양, 크기, 치수, 조명, 공기, 출입구 등이 너무나 생소했기 때문이다. 조선인에게 선교사가 사는 집은 그야말로 신비한 문명 세계였다. 하지만 모든 것이 낯설어 간혹 겁을 먹

---

* 『아펜젤러 : 한국에 온 첫 선교사』, 145–146쪽.

는 사람도 있었다. 처음 선교사의 가정을 방문한 사람은 현관에 들어서자마자 얼음처럼 굳어져 어리둥절 불안해하다 정신을 잃기도 하고, 근육이 경련을 일으키는 바람에 이유 없이 달려가 문에 부딪히기도 했다. 태어나 처음 보는 의자를 괜스레 밀어 넘어뜨리기도 했고, 커다란 전신 거울에 비친 방에 들어가려다가 거울에 코를 부딪치기도 했다. 그래서 아펜젤러 부인은 조선인 하인을 들이면 그가 새로운 환경에 잘 적응할 수 있도록 세심하게 훈련을 시켜야 했다. 문과 창문의 차이를 알려주고, 걸레와 냅킨의 용도를 설명하고, 마시는 물과 청소용 물, 세탁용 물을 구별시키고, 여러 가지 가정용구의 쓰임새도 가르쳐야 했다.

헨리 아펜젤러의 집을 방문한 조선 여성들이 가장 난감해한 것은 '서양식 의자'와 '난로'였다. 당시 조선 여성들은 단층집에서 늘 바닥에 앉는 것이 익숙했다. 그래서 처음에 의자에 앉으라는 권유를 받으면 그 높이 때문에 난처해하며 등받이에 걸터앉아서 앉는 자리에 발을 내려놓기가 일쑤였다. 또 건물 안에 있는 난로도 신기한 것 중 하나였다.

조선 여성들 중에는 양옥 건물 안에 있는 난로 뚜껑을 의자로 오인하고 앉았다가 뜨거워서 펄쩍 뛰는 경우도 종종 있었다.*

* 『아펜젤러 : 한국에 온 첫 선교사』, 102–103쪽.

조선에서 태어난 최초의 서양인 아기

헨리 아펜젤러는 조선에 온 지 7개월이 지난 1885년 11월 9일 서울에서 첫 아이를 얻었다. 푸른 눈과 붉은빛이 도는 갈색 머리카락을 가진 예쁜 여자 아기였다. 헨리 아펜젤러는 아기의 이름을 '앨리스'라고 지었다. 아펜젤러 부부의 사랑스럽고 귀한 딸인 앨리스는 이듬해 4월 25일 메리 스크랜튼의 손녀이자 윌리엄 스크랜튼William Benton Scranton의 딸인 마리나 피치 스크랜튼Marina Fitch Scranton과 함께 세례를 받게 됐다.* 아펜젤러는 이 세례식에서 언더우드Horace Grant Underwood 목사의 보좌로 딸의 세례식을 지켜볼 수 있었다.

그리고 이듬해 1887년 1월 1일에 열린 가정 예배에서, 아펜젤러 부부는 그들에게 커다란 위안이자 행복인 앨리스를 하나님께 바쳤다. 앞으로 앨리스가 하나님의 딸로서 조선과 그 민족을 위해 봉사할 운명을 예고하는 시작이었다.

한편 앨리스의 탄생은 조선인에게도 놀랄 만한 일이었다. 1800년대부터 조선에 외국인이 드나들기는 했지만, 조선에서

---

* 헨리 아펜젤러 저, 정동제일교회 역사편찬위원회 역, 『자유와 빛으로 – 헨리 · G 아펜젤러의 문건 II 일기』, 정동삼문출판사, 1998, 13쪽.

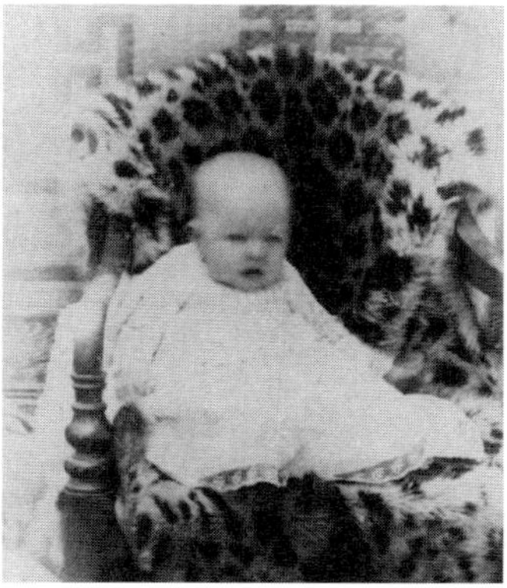

생후 6개월 무렵의 아펜젤러(1886)

태어난 서양 아기는 처음이었다. 더구나 당시에는 외국인 선교사 수도 그리 많은 편이 아니었기에, 어쩌다 하얀 얼굴에 키가 큰 외국인 선교사를 보게 되면 여지없이 화젯거리가 되던 시절이었다. 그러니 인형처럼 예쁘게 생기고 푸른 눈을 가진 아기의 탄생은 그 자체로 조선인들에게 사건이 될 수밖에 없었다.

아펜젤러 부부는 앨리스를 낳은 뒤로 헨리 닷지 아펜젤러Henry Dodge Appenzeller, 아이다 한나 아펜젤러Ida Hannah Appenzeller, 메리 엘라 아펜젤러Mary Ella Appenzeller 등 1남 2녀를 더 낳았다. 4남매 중에서 아이다를 뺀 3명의 아이들은 자라서 조선 선교사로 일을 하게 된다. 아들인 헨리는 아버지가 세운 배재학당 교장을 역임했으며 막내 메리는 언니와 함께 이화학당에서 교사로서 교육 선교에 매진했다.

모두의 마음을 연 푸른 눈의 아기

헨리 아펜젤러가 의도하지는 않았지만 앨리스의 탄생은 조선 선교에 많은 변화를 가져왔다. 당시 조선에 도착한 선교사들은 선교를 위해 조선인들과 가까워지려고 노력했지만 좀처럼 친해지기가 어려웠다. 자신들과 다른 생김새와 옷차림을 하고 다른 언어를 쓰는 외국인 선교사는 조선인에게 낯설고 불편한 존재였다. 귀신이나 도깨비처럼 두렵고 무서운 존재이기도 했다. 거리에서 외국인 선교사와 마주치면 비명을 지르며 도망가는 사람이 있을 정도였다. 때문에 외국인 선교사가 조선인의 마음을 열기는 무척이나 어려운 과제였다.

그런데 앨리스가 태어난 이후 상황은 완전히 바뀌었다. 선교사를 보면 피하기 바빴던 조선인들이 제 발로 아기를 구경하려고 아펜젤러 부부의 집으로 몰려들었다. 조선인들은 외국인에게는 적대적이었지만 아기에게는 한없이 호의를 보였다. 이러한 조선인의 행동 변화는 전도에도 좋은 기회가 되었다. 헨리 아펜젤러 이외에도 호레이스 언더우드나 윌리엄 홀William Hames Hall 등의 선교사가 조선인과 좀 더 친밀해질 수 있었던 계기도 그들 가정에서 태어난 아기 때문이었다. 선교사 가정에서 태어난 아기를 통해 조선 여성들은 선교사들에게 마음의 빗장을 서서히 열게 되었다.

> 아펜젤러의 아기가 복음전도자로서 얼마나 능력이 있는지 처음에는 미처 알 수 없었다. 그러나 한국 여인들이 지닌 어머니로서의 긍지, 여성으로서의 공감, 거기에 한국인 남녀노소의 호기심과 열성으로 말미암아 그들도 예상치 못했던 길이 트이게 되자, 그리스도의 교사(아펜젤러)는 대립의 벽이 눈앞에서 허물어지는 것을 보았다. 이제껏 그의 접근을 완강히 거부하던 사람들이 자력에 끌린 듯 그의 집으로 몰려왔다. "애기를 보아야겠소."라는 말은 곳곳에서 찾아온 낯선 사람들이 집으로 들어오는 데 충분한 변명거리가 되었다.*

당시 상황을 묘사해 놓은 말이다. 선교사의 학식이나 기독교 교리로도 열지 못했던 조선인들의 마음이었다. 그러나 헨리 아펜젤러는 아기 앨리스에 대한 조선인의 관심과 흥미를 계기로 조선인에 대한 선교의 기회를 포착할 수 있었다. 언더우드 부인 Lillias Horton Underwood 역시 아펜젤러의 가정과 같은 경험을 했

---

* 『아펜젤러 : 한국에 온 첫 선교사』, 115–116쪽.

는데, 그녀는 아기를 조선인과 외국인 사이의 윤활유라고 표현했다.

> 조선 사람들은 누구나 아이를 귀여워한다. 조선 사람의 마음과 가정에 아이들은 언제나 '열려라 참깨' 같은 존재이다. 선교사들이 아이를 낳은 것은 하나님의 축복이니, 이 작은 설교자들이 그 자그마한 손가락으로, 결코 다른 것으로는 열리지 않는 문을 연다. 위로는 대궐부터 아래로는 초가삼간까지, 아이를 보자마자 단박에 마음을 열고 눈을 빛내며 흥미를 느끼지 않는 여자를 본 적이 없다.*

처음 평양에 갔던 홀 가족 역시 비슷한 경험을 했다. 백인 여자와 아이를 처음 본 평양 주민들은 호기심에 가득 차 홀 가족 주위에 모여들었다. 홀은 그들에게 다음 날 오후 자기 집에 찾아오면 조선 부인들과 아이들에 한해 10명이 한 조가 되어 5분씩 홀 부인Rosetta Sherwood Hall과 아들 셔우드Sherwood Hall를 보여주겠다고 약속했다. 다음 날이 되자 홀의 집에는 구름처럼 많은 사람

---

* 릴리어스 호톤 언더우드 저, 김철 역, 『언더우드 부인의 조선생활 – 상투잡이와 함께 보낸 십오 년 세월』, 뿌리깊은나무, 1984, 114쪽.

들이 몰려들었다. 어림잡아 1,500명은 되는 듯했다.

평양 거리에서 홀 가족을 만난 사람들은 물론이고, 백인 아이에 대한 이야기를 들은 사람들까지 몰려온 듯했다. 10명씩 만나게 했다가는 날이 저물어도 끝이 안 날 것만 같았다. 결국 홀 부인은 많은 사람들이 자신과 아이를 볼 수 있게 아이를 안고 마당으로 나갔다. 이후로도 홀의 집에는 홀 부인과 아이를 만나기 위해 하루 평균 10~12명에 이르는 사람들이 찾아왔다. 방문객들은 집안의 물건이나 장식보다는 홀 부인과 아이에게 큰 관심을 보였고, 그들을 보는 데 온 시간을 보냈다. 찾아온 사람들은 대부분 깔끔한 차림으로 예의도 바른 편이었다. 백인 아이에 대한 평양 사람들의 관심 덕분에 홀 부인은 많은 조선 여성들과 이야기를 나눌 수 있었다. 당시 평양의 일부 관리들은 서양인 선교사의 평양 입성을 경계하기도 했지만, 조선 여성들은 '엄마와 아이'라는 관점에서 호의를 갖고 선교사를 바라봐주었다.*

외국인 선교사가 아닌, 같은 아이 엄마로서 동질감과 공감대를 형성하면서 조선인들은 선교사들의 말과 행동에 친근감을 갖기 시작했다. 아직 결혼 전인 여성 선교사들이 기관을 중심으로 더욱 적극적이고 체계적으로 이루어진 선교 활동을 통해 조

---

* 셔우드 홀 저, 김동열 역, 『닥터 홀의 조선회상』, 좋은씨앗, 2005, 139-144쪽.

어린 시절의 앨리스 아펜젤러(1888)

선 여성들과 직접적 유대관계를 맺고 조선 여성 지도자를 양성하는 데 효과적인 역할을 했다면, 아이가 있는 선교사들은 2세 선교사 양육과 교육을 통해 조선의 선교 활동이 계속 이어질 수 있도록 했다. 이들은 범민족 · 범문화간 공통점이 될 수 있는 '가정과 아이'라는 상황을 제시해 선교사들의 초기 정착과 조선인과의 융화를 용이하게 했다.

조선 아이들과 함께한 어린 시절

무채색 저고리와 바지, 검정 고무신을 신은 조선 아이들 사이에 하얀 팔다리가 드러난 원피스를 입고 붉은빛 머리카락을 날리는 백인 여자아이가 뛰어놀고 있었다. 백인 여자아이는 조선 아이들과 잡기 놀이를 하고, 땅바닥에 쭈그리고 앉아 공기놀이를 하기도 했다. 멀리서 보면 희한한 풍경일지 몰라도 가까이 가보면 얼굴색만 다를 뿐, 하는 짓은 조선 아이와 다르지 않았다. 백인 아이는 그만큼 조선말도 잘하고, 놀이 수준도 다른 아이들 못지않았다. 백인 아이는 또래 아이들과 공기놀이를 하면서 조선 아이들의 노래를 능숙하게 흥얼거리기도 했다. 이렇게 앨리스는 정동에 있던 이화학당 사저에 사는 동안 늘 수위실 마당에 나와 조선의 아이들과 어울려 놀았다.* 그녀는 자신의 고향을 '조선'으로 느낄 만큼 어린 시절 조선 아이 그 자체로 자랐다. 한국 보모가 돌봐주었으며 때때로 한복을 입기도 했다. 한국 음식을 좋아하는 독특한 입맛도 조선에서 보낸 어린 시절 동안 생겼다. 앨리스는 선교사 2세로서 조선에서 나고 자라면서 자연스럽게 조선 사람을 좋아하고, 조선 관습에 익숙하고, 조선말에 능숙할 수 있었다. 덕분에 교육을 받기 위해 15~6년 정도 조선을 떠나 있었지만, 돌아왔을 때 별다른 어려움 없이 다시 적응할 수 있었다.

---

* Marion Wallace Reninger, "Alice of Korea," *Journal of the Lancaster County Historical Society*(이하 *LCHS*), 1970, p.111.

더 큰 배움을 위해 미국으로 가다

조선에 들어온 초기 선교사들은 선교 차원에서 아이들을 위한 학교를 많이 세웠다. 그러나 정작 자신의 아이들이 다닐 학교는 마련하지 못했다. 선교사의 아이들은 어릴 때는 대부분 부모에게 배우거나, 미국에서 보내주는 통신교육(홈스쿨링)을 받았다. 그러다 어느 정도 나이가 되면 중국 지푸Chefoo에 있는 외국인 학교를 다녔다.* 앨리스도 1896년, 11살이 되던 해에 부모와 떨어져 중국 지푸에 있는 학교에 들어갔다. 앨리스도 다른 선교사들의 아이들처럼 어머니인 아펜젤러 부인과 함께 공부했지만 커갈수록 집에서 모든 교육을 해결하기는 쉽지 않았다. 결국 아펜젤러 부인도 중국에 있는 믿을 만한 부인에게 앨리스를 부탁하고 외국인 학교에 입학을 시켰다.** 하지만 어린 딸을 바다 건너 멀리 보내는 일은 아펜젤러 부부에게 무척이나 고통스러운 일이었다.

그러던 중 1900년 9월, 헨리 아펜젤러는 두 번째 안식년을 맞이하게 된다. 아펜젤러 가족은 미국에 있는 다른 가족들과 안식

---

* 이후 서울과 평양에 선교사 자녀들을 위한 외국인 학교가 설립되었다. 그러나 초 · 중등에 해당하는 교육기관으로서, 대학 진학을 위해서는 미국에서 고등학교 과정과 대학 과정을 이수하기 위해서는 부모들과 떨어져 생활해야 했다.

** 『아펜젤러 : 한국에 온 첫 선교사』, 378쪽.

소녀 시절의 아펜젤러와 가족들(배재학당 역사박물관 소장)

년 휴가를 보내기 위해 조선을 떠나 그 해 12월에 미국 뉴욕에 도착했다. 헨리 아펜젤러는 필라델피아에 집을 구하고 아이들을 학교에 입학시켰다. 그 후 펜실베이니아 랭카스터Lancaster로 옮긴 아펜젤러는 그곳에서 다시 아이들을 학교에 보냈다.* 원래 1901년에는 헨리 아펜젤러가, 1902년 봄에는 나머지 가족들이 한국에 돌아갈 계획이었다.** 하지만 앨리스의 건강이 좋지 않아 헨리 아펜젤러가 먼저 한국으로 떠나고 나머지 가족들은 앨리스의 건강이 회복되는 대로 들어가기로 했다. 그러나 1902년 헨리 아펜젤러가 세상을 떠나면서 결국 나머지 아펜젤러 가족들은 한국으로 귀국하지 못한 채 미국에 남게 되었다.

영어가 서툰 미국 소녀

16세가 된 앨리스는 1902년 9월에 랭카스터에 있는 미스스타스스쿨Miss Stahr's School에서 공부하기 시작했다. 오뚝한 코, 커다란 눈, 붉은빛 도는 갈색의 곱실거리는 머리카락, 또래보다 약간 키가 큰 앨리스는 미국의 전형적인 아름다운 소녀로 자랐다. 게다가 상냥한 성격의 소유자였던 앨리스는 처음 보는 친구

---

* 『자유와 빛으로 – 헨리 G. 아펜젤러의 문건 Ⅱ 일기』, 257쪽.

** Homer B. Hulbert, *The Korea Review*, 1901, p.464.

에게도 먼저 다가가 다정하게 말을 걸곤 했다. 하지만 이런 앨리스에게 난감한 문제가 하나 있었다. 오랜 한국 생활로 앨리스의 영어는 이른바 미국식 영어가 아니었던 것이다. 어느 날 앨리스는 지나가는 여학생에게 "What was that girl's front name?"이라고 말했다. 이는 단순히 그녀의 이름을 묻는 말이었지만 이를 들은 여학생은 의아해했다. 보통의 미국인이라면 'first name'이라고 하지 'front name'이라고는 말하지 않기 때문이다.* 한국에서 자라고 한국 친구들과 놀면서 익힌 한국어의 영향으로 앨리스는 한국식 영어, 즉 콩글리시를 종종 구사했다. 미국으로 돌아간 뒤로도 한두 해 동안은 한국어보다 영어가 더 어색했던 앨리스는 학교에서 '콩글리시를 쓰는 동양 선교사의 딸'이라 불렸다. 처음 만난 친구들은 그녀의 이상한 영어 표현을 신기해했지만 그럴 때마다 앨리스는 "내가 한국에 살았기 때문에 종종 영어 표현이 진짜 서툴 때가 있어."라며 웃어넘겼다.

'한국', 당시 미국 소녀들에게 앨리스가 말하는 '한국'은 지구 반 바퀴를 돌아야 갈 수 있는 무척이나 낯선 나라였다. 친구들은 곧 눈이 초롱초롱해져서 한국에 대한 이야기를 들려달라고 하거나 노래를 불러보라고 부탁했다. 그러면 앨리스는 한국에

---

* "Alice of Korea", *LCHS*, p.113.

대한 이야기를 들려주고, 고운 목소리로 한국에서 배운 노래를 불러주곤 했다. 당당하고 매력적인 앨리스는 곧 학교에서 인기 있는 소녀가 되었고, 친구들도 많이 사귀게 되었다.

미국에 있는 동안 앨리스의 가족들은 감리교회 예배에 정기적으로 참석했다. 그렇다고 '감리교회'만 고집한 것은 아니다. 특히 앨리스는 다른 교파 교회 교인들과 사귀기를 좋아했다.*

미스스타스스쿨을 졸업한 앨리스는 미국의 명문 사립 여자대학인 웰슬리대학Wellesley College에 입학했다.

그녀는 음악을 즐겼고 피아노를 아주 잘 치는 편이었다. 또한 소프라노에 맞는 훌륭한 목소리를 지니고 있어서 예배 시간이면 솔로로 자주 노래를 했다. 모임이 있을 때면 합창의 피아노 반주도 즐겨 맡았다. 폭넓은 교우 관계 속에서 주말이면 친구들과 모여 피아노를 치고 음악을 즐기며 이야기를 나누곤 했다. 앨리스는 1909년 웰슬리대학을 졸업한 뒤 1915년 한국에 돌아가기 전까지 십펀스쿨Shippen School에서 교사로 경력을 쌓았다.

---

* "Alice of Korea", *LCHS*, p.113.

아픔을 딛고 다시 한국으로

안식년이 끝나자 헨리 아펜젤러는 가족들과 헤어져 선교를 위해 1901년 9월 조선으로 돌아갔다. 그리고 이듬해 6월, 성경 번역자회의에 참여하기 위해 인천에서 증기선을 타고 목포로 향했다. 바로 이날, 앨리스에게 절대 잊을 수 없는 일생일대의 사건이 일어났다. 아버지 헨리 아펜젤러가 타고 가던 배가 다른 배와 충돌하여 침몰한 것이다. 헨리 아펜젤러는 운 좋게 구조되었지만, 함께 배에 타고 있던 이화학당의 어린 여학생들을 구하고자 침몰하는 배로 돌아갔다가 죽음을 맞고 말았다.

비극적인 소식은 곧 미국의 가족들에게도 전해졌다. 당시 아펜젤러 부인은 자녀들과 함께 친정 오빠인 바이런 닷지Byron Dodge가 있는 펜실베이니아 주 랭카스터에서 살고 있었다.* 남편의 갑작스런 죽음, 그것도 먼 타국에서의 죽음을 전해들은 아펜젤러 부인은 하늘이 무너지는 기분이었다. 하지만 슬픔에 잠겨 있을 수만은 없었다. 네 명의 아이들을 남편에게 부끄럽지 않게 길러내야 하는 임무가 아직 남아 있었기 때문이다. 그녀는 자신을 희생하면서 아이들이 대학교육까지 무사히 마치도록 최선을

---

* "Alice of Korea", *LCHS*, p.113.

다했다.

또한 남편이 죽어 묻힌 한국 땅을 원망하며 외면하기보다는 오히려 아이들이 이어받아야 할 유업이라고 생각하고, 아이들에게 수시로 '한국 선교사'로서의 사명감을 일깨워주었다.

큰딸인 앨리스에게도 '아버지의 죽음'은 두고두고 깊이 생각할 인생의 문제를 안겨주었다. 아버지를 죽음에 이르게 한국 땅이 아득히 먼 곳으로 느껴지다가도, 시간이 지날수록 자신이 가야 할 길이자 삶을 바쳐 일해야 할 곳으로 여겨졌다.* 그녀의 이런 마음은 한국에서 선교사로 일했던 아버지와 함께 보낸 어린 시절과 '한국 선교사'에 대한 사명감을 끊임없이 일깨워준 어머니 덕분이었다. 아펜젤러 부인은 자신의 아이들뿐 아니라 그들의 친구들에게도 기독교인으로 산다는 것의 의미를 깨우쳐주었다. 아펜젤러 부인은 앨리스가 선교사가 되어 다시 조선에 돌아가겠다고 결심했을 때, 앨리스의 친구에게 다음과 같이 말했다.

> 일생을 기독교 사업을 위해 헌신한다는 생각을 해본 적이 있니? 하나님은 너를 위해 아주 많은 일을 하셨지. 너도 자원해서 앨리스와 함께 동양에 선교사로 가면 어떻겠니?

---

* 『한가람 봄바람에 : 이화 100년 야사』, 64쪽.

못 갈 이유가 없잖아.*

앨리스의 친구에게 해외 선교를 적극 권유하는 아펜젤러 부인의 모습에서 알 수 있듯이, 앨리스가 선교사로서 교육 선교에 헌신할 수 있었던 데는 어머니의 영향이 컸다. 앨리스는 아버지인 헨리 아펜젤러가 선박 사고로 갑자기 세상을 떠나 뒤에도 어머니의 적극적인 지지와 희생을 바탕으로 대학교육까지 무사히 마친 뒤 선교사가 되어 1915년 다시 한국 땅을 밟았다.

---

* Elizabeth M. Lee, "In Memoriam Alice Rebecca Appenzeller", First Methodist Church, Lancaster, Pennsylvania, 1950.4.23, p.3.

이화에서 꾸는 꿈

교육자로서 선견지명과 통찰력을 가지고 있던 아펜젤러는 여성 고등교육이 반드시 필요하며, 여성 스스로도 점점 더 교육을 바랄 것이라고 내다봤다. 그리고 이화가 기독교 대학, 한국 민족에게 가치 있고 의미 있는 학교가 되기를, 이화의 졸업생들이 한국 여성을 위해 봉사하기를 바랐다.

1915년 앨리스 아펜젤러는 교육 선교사가 되어 한국으로 돌아왔다. 아버지 헨리 아펜젤러가 사랑한 나라 '한국'은, 어느 순간 그녀에게도 당연히 돌아가야 하는 운명의 나라가 되어 있었다. 어린 시절 아버지와 어머니가 보여주었던 선교 활동, 조선에 묻혀야 했던 아버지의 죽음은, '선교사'에 대해 운명과 같은 소명 의식을 아펜젤러에게 부여했다.

하지만 홀로 계신 어머니와 동생들을 미국에 두고 한국으로 떠나는 것은 가슴 아팠다. 다행히 동생들이 그런 아펜젤러의 걱정을 덜어주었다. 둘째인 동생 헨리는 드루 신학교에서 과정을 마치고 목사 안수를 눈앞에 두고 있었고, 셋째인 아이다는 웰슬리대학을 졸업하고 바로 직장을 잡아 독립했다. 홀로 계신 어머니와 막내 여동생 메리는 헨리와 함께 살면서 집안일을 하기로 했다. 선교사가 되어 돌아온 아펜젤러는 당시의 심정을 다음과 같이 남겼다.

> '누구나 느낄 수 있었을 것이다. 나는 신의 속삭임을 들었다.'라고 키플링Kipling은 그의 소설 『탐험가Explorer』에서 말했다. 나의 마음도 그러했다. 내가 서울에서 태어났고 한국에 예정되어 있는 나의 운명heritage으로 돌아갔다는 사실은 크나큰 은혜였다.*

배재학당 동관 기공식에
참석한 아펜젤러(1915)

그러나 한국에서 막 선교사 생활을 시작한 아펜젤러에게 머지않아 아펜젤러 부인의 부고가 전해졌다. 어머니의 죽음으로 아펜젤러는 큰 슬픔에 잠겼지만, 이내 곧 생전에 어머니가 남기신 뜻을 되새기며 선교 활동에 매진했다. 그 후 남동생 헨리와 막내동생인 메리가 1917년 아버지의 숭고한 뜻이 잠들어 있는 곳이자, 누나이고 언니인 아펜젤러가 있는 한국으로 돌아와 선교사가 됐다. 이후 헨리는 루스 노블Ruth Noble과 결혼했고, 여동생 메리는 이화학당에서 교사로 일하다 존 레이시John Lacey

* "Alice of Korea", *LCHS*, p.118.

목사와 결혼한 후 한국을 떠났다.

여성 고등교육의 첫걸음

아펜젤러는 한국에서 태어나고 자랐기 때문에 한국에 돌아온 지 몇 달 지나지 않아 어릴 때 사용했던 한국어 능력을 되찾았다. 그녀는 정동 이화학당에서 학생들을 가르치기 시작했다. 처음 그녀가 맡은 과목은 역사와 영어였다. 대부분의 선교사들이 임지에 도착해 가장 처음 부딪히는 난관이 바로 현지어 습득이었지만, 어린 시절 한국에서 자란 데다 뛰어난 언어 감각을 지닌 그녀에게 '현지어'는 별 문제가 되지 않았다. 미국 십펀스쿨에서 교사 생활을 할 때는 독일어를 가르치기도 했으며, 1917년에는 2달 동안 일본 후쿠오카에서 공부하며 일본어를 익혔다. 당시 한국이 일본의 식민지가 되면서 일본어가 공식 언어가 되었기 때문에, 한국에서 선교를 하려면 선교사들도 어쩔 수 없이 일본어를 배워야 했다.* 이는 미국 북감리회 한국여선교회**의 결정이기도 했다. 아펜젤러는 타고난 언어 감각으로 배운 기간

---

* "Alice of Korea", *LCHS*, p.116.

** WFMS에서 한국에 파견된 여선교사를 중심으로 결성됨 모임으로, 1년에 1번 대회를 열어 안건을 토의하고 의결했다.

이화학당 3대 메이퀸에 선발된
아펜젤러(1915)

에 비해 놀라운 수준의 일본어와 한국어를 구사했다.

학생 시절 반주자가 되고자 했을 만큼 음악적 자질도 뛰어났던 아펜젤러는 음악 공부도 게을리하지 않았다. 교회 성가대에서 노래를 부르는 활동도 꾸준히 이어나갔다. 뿐만 아니라 교육, 선교, 여성과 기독교 등 다방면에 걸쳐 관심을 가지고 활발한 활동을 펼쳤다. 그녀는 로열아시아학회서울지부The Royal Asiatic Society, Seoul와 서울여성클럽The Seoul Women's Club, 기독교교육협회The Christian Educational Association, 레크리에이션서울연합The Seoul Union-Recreational 등 다양한 단체에 가입해 적극적으로 활동했다. 세계에 한국 선교를 알리는 일도 열심히 하는 한

편, 한국과 미국, 캐나다의 교회와 선교 잡지에 많은 글을 기고하기도 했다.*

특히 아펜젤러는 한국 사회와 여성 문제에 관심을 보이고 자신이 할 수 있는 일이 무엇인지 고민했다. 조선 여성의 삶이란 남성의 그늘에서 이름을 잃어버린 채 살거나, 사회활동을 하더라도 공장 노동자가 되는 것이 전부였다. 1910년 개화의 물결이 밀려오면서 여성들도 산업 부문에 진출했지만 대개는 서울의 담배 공장에서 일하는 것이 고작이었다. 당시 수백 명의 여성 노동자들이 공장에서 일했고, 이 가운데에는 초등학생 또래의 어린 노동자들이 많았다. 아펜젤러는 공장의 허락을 받고 그곳에서 일하는 어린 노동자들을 관찰했다. 어린 소녀들은 저임금으로 야간작업까지 하고 있었다. 공장에서 일하는 어린 노동자들과 여성들은 유독한 공기와 끊임없는 노동으로 노인처럼 허리가 굽어져 있기도 했고, 볼은 몹쓸 병에 걸린 환자처럼 움푹 패여 있었다. 산업 혁명 이전에 서구 산업 사회가 겪었던 비극이 한국에서도 되풀이되는 듯했다. 당시 조선 사회에는 도시 여성 공장 노동자들을 위해 그 어떠한 법적 보호나 복지 제도도 없는 실정이었다.

---

* "Alice of Korea", *LCHS*, pp.116–117.

아펜젤러는 이에 문제를 느끼고 여성 노동 환경의 개선, 여성 삶의 질 향상을 위해 한국 교회와 선교사가 나서야 한다고 생각했다. 서양에서는 이미 노동자들이 교회에 등을 돌리고 있었다. 하지만 조선은 선교 초기라 아직 희망이 있었다. 여성 노동자들이 교회를 외면하거나 적대감을 갖기 전에 한국 교회와 선교 단체가 이러한 여성 노동문제와 사회사업에 관심을 가져야 한다고 촉구했다. 아펜젤러는 학교와 가정의 기독교화를 넘어 공장과 가게를 대상으로 기독교 정신의 확대가 이루어져야 한다고 주장했다.* 이 같은 아펜젤러의 문제 제기에 동료 여선교사들도 동의했다. 그들은 책과 잡지처럼 좋은 읽을거리나 YWCA와 같은 청년 여성 기독교 조직을 통해 한국 여성 노동자 문제에 접근하고, 한국 사회가 직면한 시대적 변화의 격류 속에서 젊은 여성들을 도울 수 있다고 제안했다.** 이러한 아펜젤러의 고민과 문제 제기는 1920년대에 사회주의 사상이 유입되고 반기독교 운동이 전개되고 있던 것을 생각하면 무척이나 시기적절했다.

---

* Alice R. Appenzeller, "The Need of Social Work Among the Women of Seoul", *The Korea Mission Field*(이하 *KMF*), 1918.4, pp.77-79.

** Lillian Dean, "The Korean Woman and Changing Conditions", *KMF*, 1918.10, pp.207-210.

여성 고등교육의 정당성

1910년 당시 이화학당 당장이었던 프라이는 한국 유일의 여자대학 과정인 이화학당 대학과를 개설했다. 이를 두고 조선 사회에는 '여성 고등교육의 필요성'과 함께 '시기상조론'이 대두되었다.

당시 한국 기독교의 대표적인 교육 운동가였던 윤치호는 '시기상조론'의 입장에 서서 실업 교육을 강조했다. 그는 1918년 6월, 여성고등교육과정에서는 학문적인 접근보다는 요리, 바느질, 수공예와 같은 실업 교육을 강화해야 한다는 기사를 선교 잡지에 게재하기도 했다.* 이는 당시 국내 유일의 대학 과정으로 기능하고 있던 이화학당 대학과의 학술적인 교육 과정을 간접적으로 비판한 것과 다름없었다. 상대적으로 개혁 사상을 많이 가지고 있던 기독교 남성들조차 여성 교육에서는 보수적인 시각을 가지고 있는 사람이 많았다. 이에 이화학당 대학과를 졸업했던 김활란은 같은 잡지에 반론의 성격을 지닌 논문을 게재했다.

김활란은 자신의 대학과 졸업 연설 주제였던 '고등교육과 가정과의 관계'라는 기사를 통해 여성 고등교육의 학문적 접근이

---

* T. H. Yun, "A Korean's Opinion on Female Education in Korea", *KMF*, 1918.6, p.124.

실생활과 밀접한 관련이 있다는 것을 예를 들어 증명하면서, 여성 대학교육의 학문적 필요성과 정당성을 대변했다.*

아펜젤러도 같은 선교 잡지에, '여성을 위한 고등교육'이라는 제목의 글을 게재했다.** 이 글에서 당시와 같이 문명화된 시대, 개화된 시대에도 여성 고등교육에 대한 대의명분에 의문을 제기하는 사람이 많다는 점을 지적하고 한국 여성들에게 고등교육보다는 기초적이고 실제적인 과목을 가르쳐야 한다는 이들의 주장에 반대하며 문제를 제기했다. 당대는 이미 '전문화 시대'에 접어들었고, 이에 여성들도 당연히 전문 교육을 받아야 한다는 것이다. 따라서 아펜젤러는 이런 상황에서 여전히 한국 소녀들이 가장 기초적이고, 이른바 실제적인 과목만 배우면 족하다는 주장은 진부하며, 그런 주장을 하는 사람들과 논쟁을 벌이는 행위는 매우 무의미하다고 말했다. 또 한국 여성 고등교육의 필요성과 유용성에 대해서는 이미 이전에 게재된 김활란의 논문을 통해 충분히 논증되었음을 다시 한 번 지적했다.

그러나 이러한 아펜젤러의 주장은 당시 한민족에 대한 일본의 우민화 교육정책이 이뤄지고 있던 상황과 맞물려 생각해 보면, 비단 여성 교육뿐 아니라 우리 민족의 의식을 살찌우는 중

---

* Helen Kim, "The Relation of Higher Education to the Home", *KMF*, 1918.6, pp.125–127.
** Alice R. Appenzeller, "Higher Education for Women", *KMF*, 1918.10, pp.210–213.

요한 지적이었다. 아펜젤러는 전문화 시대에 대학 과정은 일반적인 현상이며, 전문 교육은 일반적인 지식의 기초 위에서 이루어져야 한다고 생각했다. 당시 조선 소녀들은 대부분 문맹이거나 일반적인 배경 지식도 거의 없이 학교를 다니는 경우가 많았다. 이런 상황을 생각한다면, 여러 과목들을 얕게 다룰지언정 여성 교육의 전반적인 체계와 비전을 생각해 가능한 한 많은 지식의 문을 열어둘 필요가 있다는 것이 그녀의 주장이었다.

교육자로서 선견지명과 통찰력을 가지고 있던 아펜젤러는 하나님이 여성에게 주신 자리에, 남성의 동료이자 배우자로서 남성과 동등한 위치에 있는 여성에 대해 사람들이 익숙해져야 한다고 생각했다. 그렇게 되려면 여성 고등교육이 반드시 필요하며, 여성 스스로도 점점 더 교육을 바랄 것이라고 내다봤다. 그리고 이화가 기독교 대학, 한국 민족에게 가치 있고 의미 있는 학교가 되기를, 이화의 졸업생들이 한국 여성을 위해 봉사하기를 바랐다.

여자대학의 설립을 제안하다*

1919년 3월 1일, 전국 방방곡곡에서 일본의 식민 통치에 항

---

* Alice R. Appenzeller, "The Proposed Women's College", *KMF*, 1920.10, pp.201–203.

이화학당 교사 시절의 아펜젤러(1916)

거하고 독립선언서를 발표하며 한국의 독립 의사를 세계만방에 알렸다. 거리는 '대한 독립 만세'를 부르는 학생들로 넘쳐났다. 만세 운동에 참여한 사람들 중에는 유관순 열사를 비롯해 많은 여학생들이 있었으며 이를 많은 조선인들이 지켜봤다. 여학생들은 삼일 운동이라는 거사를 위한 계획의 시작부터 남성들과 함께 했고, 남성들과 같이 용감하게 독립 만세 시위현장에 나갔다. 그리고 체포와 고문을 감내해 냈다. 이러한 과정에서 이전까지 여성에게 가졌던 편견, 즉 여성은 집안일 말고는 쓸모가 없다는 생각은 점차 사라지고 여성에 대한 존경심이 오히려 새롭게 생겨났다. 삼일 운동을 계기로 보수적이던 조선 사회도 여성을 보는 눈이 점차 달라지기 시작했다. 새로운 시대가 온 것이다.

아펜젤러는 새로운 시대가 선교사의 손에 달려 있다고 했다. 호기심 가득한 많은 수의 젊은 여성들이 눈앞에 열린 더 나은 삶으로 나아가기 위해 교회와 미션스쿨을 찾고 있었다. 그들은 교육을 원했지만 조선에서 고등교육을 받을 수 없어 대부분 중국, 일본, 미국으로 유학을 떠나고 있었다. 서울만 해도 당시로서는 많은 수인 15명의 장로회 소녀들이 고등교육을 받기 위해 중국과 일본에 가 있었다.

서울 이외의 다른 지방 도시들까지 조사해 본다면 이보다 더 많은 수의 소녀들이 공부하고자 나라를 떠나 있었을 것이다. 하지만 아펜젤러는 더 이상 학생들이 교육을 받기 위해 고국을 떠나서는 안 된다고 생각했다. 교육에 대한 열정으로 고국을 떠나지만 세상 물정에 어두운 소녀들은 안전하게 외국에 인도되지 못할뿐더러 외국에 가서도 적절한 보호를 받지 못해 위험에 처하는 경우가 많았기 때문이다. 이런 비극적인 상황을 막기 위해서라도 많은 선교사들이 기독교의 지도력으로 조선 여성들을 보호해야 한다고 주장했다. 그러기 위해서는 무엇보다 '여자대학의 설립'이 시급했다.

아펜젤러가 이런 주장을 할 당시, 고등보통학교 이상을 나온 소녀들을 가르칠 수 있는 선교회 학교는 모두 13개였다. 그 가운데 교육과정이 6년 이상인 학교는 단 한 곳뿐이었다. 학교마다 매년 평균 100명의 학생들이 등록하고 있던 것을 감안한다면, 배우고자 하는 수천의 조선 소녀들 가운데 겨우 1,300명만이 학교에 갈 수 있었던 것이다. 그만큼 학교가 턱없이 부족한 상황이었다.

그런데 이보다 더 심각한 문제가 있었다. 그나마 그 13개의 학교에서도 적당한 교사가 부족한 실정이었던 것이다. 아펜젤러는 이런 현실을 꼬집으며, 선교회 본부 차원에서 교사들을 교육할 수 있는 '여자대학'을 설립해야 한다고 주장했다. 또한 지금의 선교회 학교가 적절하게 유지되기 위해서는 조선인 대학 졸업자가 선교회 학교의 교직원이 되어야 하기에, 조선의 '여자대학 설립'이 더욱 절실하다고 판단했다. 이에 아펜젤러는 그때까지 선교회 본부에서 진행해 왔던 여자대학 설립 운동에 선교사들이 더욱 믿음을 갖고 동참할 것을 촉구했다.

이화학당 제6대 당장이 되다

아펜젤러는 1919년에 프라이가 안식년 휴가로 이화학당을 비운 사이, 잠시 당장 서리를 맡았으나 그녀 또한 곧 안식년 휴가

이화학당 대학과 8회 졸업생들과 함께한 아펜젤러(1922)

를 맞아 이화학당을 비우게 됐다. 1921년에 첫 번째 안식년 휴가를 맞아 미국 뉴욕으로 건너간 아펜젤러는 콜롬비아대학에서 교육학 석사학위를 취득하고 1922년에 돌아왔다. 그녀는 선교사 교사들이 안식년 동안 전문적인 학습을 받으며 현재의 동향을 접해야 하며, 유능한 일꾼이자 전문적인 지도자로서 최선의 상태를 유지해야 한다는 믿음을 피력했다.* 한편 뉴욕에 있는 동안 안식년답게 그동안 할 수 없었던 문화생활도 마음껏 즐겼다. 리버사이드 교회 합창단에서 노래도 하고, 방학 동안 학창 시절을 보낸 랭카스터를 방문하여, 대학 친구들과 즐거운 시간을 보내기도 했다.**

아펜젤러가 안식년으로 잠시 한국을 떠나게 되자 자넷 월터 Jeannette A. Walter가 이화학당의 당장 서리를 맡았다. 그러다 프라이가 병으로 세상을 떠나자 이사회에서는 당시 당장 서리로 있던 자넷 월터에게 당장을 맡겼다. 그리고 아펜젤러가 안식년을 마치고 한국으로 돌아오자, 월터는 이화의 당장으로서 아펜젤러만 한 인물이 없다고 판단, 그녀에게 '당장'의 자리를 넘겨주면서 다음과 같이 회고했다.

---

* Alice R. Appenzeller, "To Innocents Returning Home", *KMF*, 1922.1, pp.15–17.
** "Alice of Korea", *LCHS*, p.117.

> 앨리스는 한국에서 태어나 한국말을 능숙하게 했고, 웰슬리에서 훌륭한 교육을 받은데다 미국에 아는 사람도 많았다. 나는 그녀를 이화학당의 당장으로 손색없는 적임자라고 생각했다.*

이리하여 아펜젤러는 1922년 10월, 드디어 이화학당의 제6대 당장에 취임하게 됐다.

한국 여성 고등교육의 공식적인 출발점, '프라이홀'의 건립

삼일 운동 이후 고조된 교육열과 여성 교육에 대한 의식 변화로 이화학당의 학생 수는 폭발적으로 증가했다. 매년 이화학당이 수용할 수 있는 인원 이상으로 많은 소녀들이 입학을 희망했다. 하지만 이화는 이들 모두를 수용할 수 없어 돌려보내야만 했다.

아펜젤러는 이화학당이 한국 최초의 여성 교육 기관으로서 한국 소녀들에게 큰 책임이 있는 동시에 이화의 학생들이 곧 이 나라의 희망이라고 믿었다. 그녀는 이들을 위해서 '여자대학 설

---

* Jeannette Walter, *AUNT JEAN*, Johnson Publishing Company, p.160.

립'에 더욱 박차를 가해야 한다고 생각했다. 한국에서 '여자대학 설립'은 WFMS와 선교사들의 삶과 재정이 투영된 선교 사업의 결정체이기도 했다. 이미 이화학당에서는 제4대 당장이었던 프라이의 주도로 1910년에 대학과를 개설, '여자대학 설립'에 한 걸음 다가선 상태였다. 아펜젤러는 '한국 여성의 대학교육'이라는 프라이의 위대한 뜻을 받들어 제5대 당장인 월터와 함께 '프라이홀Frey Hall' 건립을 추진했다. 대학 전용 건물인 프라이홀의 건립은 앞으로 이화가 '대학 설립'을 발전의 방향으로 삼았다는 것을 뜻했다.*

1922년 10월, 정동의 이화학당 부지에서는 낡은 손탁호텔을 허물고 새 건물을 짓는 공사가 시작되었다. 건축 자금은 아펜젤러가 1921년부터 1922년에 걸쳐 안식년을 맞아 미국에 갔을 때 모금을 통해 마련한 5만 달러로 충당했다. 올리브 파이Olive Pye가 건물 설계를 했고, 내부 장식 및 설비는 월터를 비롯한 교사들이 디자인과 설계를 맡았다. 1년 뒤인 1923년 9월, 마침내 대학과를 위한 최초의 건물인 프라이홀이 완공되었다. 3층 구조의 이 서양식 건물은 150명의 학생을 위한 기숙사, 교실, 도서실 등을 갖추고 수도와 전기, 스팀이 완비된 최신식 건물로 탄생했

---

* Alice R. Appenzeller, "Ewha Haktang–Women's College of Korea", *KMF*, 1922.5, pp.102–104.

대학과를 위한 최초의 건물이 된 프라이홀

다. 새 건물에 필요한 비품은 이화학당의 동창들이 담당하기로 했다. 건물의 이름은 1921년에 별세한 프라이 당장을 기념하여 '프라이홀'이라고 지었다. 이화학당 대학과 학생들은 처음으로 자신들을 위한 건물을 갖게 된 것이다.

'프라이홀'은 한국 여성을 위해서 일했던 위대한 선교사의 기념물일 뿐만 아니라 한국 여성 고등교육의 공식적인 출발을 알리는 증거물이었다. 나아가 한국 여성 교육을 위해 일하는 선교사들이 유종의 미를 거두기 위해서 더 큰 학교의 건설을 향해 나아가야 한다는, 교육 선교의 방향을 제시하는 상징물이기도 했다. 한국 여성 고등교육에 대한 프라이의 확고한 신념 덕분에 미감리회 해외여선교회 선교사들은 이화학당 역사의 중대한 시기에 한국 여성에게 최고 · 최선의 것을 주기 위한 계획을 세우고 실행할 수 있었다. 미감리회 해외여선교회 선교사들은 '프라이홀'의 건립을 기점으로 종합여자대학교 설립이라는 목표를 달성하기 위해 다른 선교회 선교사들과 협력과 협조가 필요함을 역설했다. 아펜젤러도 마찬가지였다. 한국에 있는 모든 기독교인들이 협력한다면, 서울 근교에 여자대학을 위한 더 큰 학교 건물이 설립될 수 있다고 내다보았다. 선교회 산하 여자대학 설립이 실현된다면, 한국의 젊은 여성들이 기독교의 영향력 아래에서 가장 좋은 교육의 기회를 받을 수 있다고 믿었다.*

* Alice R. Appenzeller, "The First Women's College–A Significant Step in Higher Education", *KMF*, 1922.12, pp.267–268.

이화학당에서 이화여자전문학교로

이화학당 대학과는 1925년 3월 1일 재단법인 미감리회 조선인 선교부 유지재단 이사 애다 홀Ada B. Hall의 명의로 이화여자전문학교 인가 신청을 냈다. 조선총독부로부터 정식 인가를 받은 것은 같은 해 4월 23일, 이화학당은 당당히 이화여자전문학교로 새로운 출발을 하게 되었다.

기독교연합대학의 상징이 된 '이화학당'

1910년부터 1920년대 초반까지 한국에는 기독교 연합 대학을 세우려는 움직임이 선교단체연합회를 중심으로 활발히 논의됐다. 첫 논의가 있었던 1910년 선교단체연합회는 서울 2곳, 평양 1곳에 기독교 연합 대학을 설립하기로 하고, 그 가운데 이미 대학과가 개설되어 있던 이화학당 대학과를 기독교 연합 '여자대학으로 발전시키기 위해 강력하게 지원하겠다는 방침을 정했다. 그러나 2년 후에 개최된 재한감리회 선교부 연차회의에서 서울에 있는 1개의 대학만 집중 후원을 하는 방향으로 방침을 바꾸게 되면서, 이화학당 대학과가 기독교 연합 여자대학이 되는 꿈은 꺾이는 듯했다.

그러나 한번 일어난 불씨는 좀처럼 사그라지지 않았다. 1920년을 전후해 다시 선교사들 사이에서는 기독교 연합 여자대학 건립을 위한 움직임이 일어났다.* 서울에서 활동하고 있는 3개 선교부를 대표하는 선교위원회는 기독교 연합 여자대학 설립 계획에 따라 대지 선정 작업에 착수, 초교파세계운동본부

---

* "Report of Educational Committee", *Annual Report of the Korea Woman's Conference of the Methodist Episcopal Church*(이하 KWC), 1917, p.10; Alice R. Appenzeller, "Ewha Haktang", *KWC*, 1923, pp.64–65.

Interchurch World Movement에 지금의 이화여자대학교가 있는 신촌 캠퍼스 대지를 구입하고 2개의 건물을 지을 수 있는 금액을 요청했다. 그러나 받아들여지지 않았으며, 선교위원회 내부적으로도 북장로회와 의견의 일치를 보지 못해 결국 기독교 연합 여자대학 설립을 위한 두 번째 노력도 좌절되고 말았다.*

그러나 이러한 일련의 과정은 오히려 여자대학 설립을 갈망하는 이들의 바람을 더욱 불타게 하는 기폭제가 되었다. 결국 기독교 연합 여자대학을 위한 첫걸음으로 준비하기 시작했던 신촌 캠퍼스 부지 마련은 이화학당이 주도하는 여성 고등교육기관 터전 마련의 출발점이 되었다.

기적 같은 이야기가 시작되다

현재의 신촌 캠퍼스는 가우처J. F. Goucher 박사가 기독교 연합 여자대학 설립에 이상적인 장소로 일찍이 프라이에게 추천한 곳이었다. 가우처 박사는 이 부지에 대한 정보를 1918년 에비슨Oliver R. Avison 박사로부터 들었다.** 이곳은 연희전문학교

* "The Proposed Women's College", *KMF*, 1920.10, p.202; 이화100년사 편찬위원회 편,『이화 100년사』, 이화여자대학교출판부, 1994, 159–163쪽.
** Alice R. Appenzeller, "A Miracle and A Fairy Tale", *KMF*, 1935.7, p.137.

지금의 이화여자대학교가 자리한 당시 이화학당 신촌 캠퍼스 부지

근처로 교수 교환 등 두 대학이 학교 운영상의 협력을 꾀하기에 편리한 위치였으며, 이화의 새 보금자리로서 독립적이면서도 아늑한 곳이었다.

캠퍼스의 대지를 사고 건물을 짓는 일이 거의 모금만으로 이루어져야 하는 상황이었지만, 아펜젤러를 비롯해 이화인 누구도 '여자종합대학의 꿈'을 포기하지 않았다. 아펜젤러는 1920년에 WFMS로부터 감리회 신자들에게 최소 1,000달러를 받는 조건으로 캠페인을 허락받았다. 아펜젤러가 펜실베이니아 랭카스터에 있는 교회에 도움을 요청했을 당시, 그녀는 두 개의 기부를 약속받았다. 백위드 부부Mr. and Mrs. F. C. Beckwith가 그들의 어린 딸 루스Ruth를 기념해 기부를 약속했으며, 교회는 헨리 아펜젤러 목사 부부를 기념하는 기부를 약속했다.* 이처럼 많은 이들의 기도와 도움이 기적처럼 하늘에 닿아 한 교육 독지가의 발걸음을 이화로 이끌었다. 신촌 캠퍼스 부지 마련에 결정적 역할을 한 사람은 바로 필립 헤이워드 그레이Philip Hayward Gray 부인이었다. 그레이 부인은 신촌 부지를 구입할 수 있는 거의 모든 돈을 기부했다. 그녀가 신촌 부지 자체를 기부했다고 말해도 과언이 아니다.

---

* "A Miracle and A Fairy Tale", *KMF*, 1935.7, pp.137–138.

그레이 부인은 미국에서 기독교 연합 여자대학을 위해 일하고 있었던 터라 한국의 기독교 연합 여자대학에 관심이 있었다. 그녀는 딸들과 세계 여행을 하던 중 선교사로 일하는 아들을 만나기 위해 한국에 들렀다. 그녀가 탄 배에는 그레이스 색스Grace Saxe를 비롯한 비더울프 복음단Biederwolf evangelistic party이 함께 타고 있었다. 그레이스 색스는 비더울프 복음단이 서울을 방문 중일 때 마침 이화에서 머물게 되었는데, 서울을 떠나던 날 아침 그녀는 아펜젤러에게 배에서 만났던 그레이 부인에 대해 다음과 같은 이야기를 들려주었다.

"필립 헤이워드 그레이 부인은 선교 사업에 관심이 많은 부자입니다. 그분에게 제시할 수 있는 뚜렷한 목표가 있다면 분명 그분은 이화를 도와줄 거예요."

그런데 운명처럼, 그레이스 색스가 막 작별인사를 하고 떠나려던 참에 그레이 부인이 딸들과 함께 이화를 찾아왔다. 그레이 부인은 그 전날 기차를 탔다가 우연히 만난 사람에게서 이화에 방문해 보라는 권유를 받았다고 했다.

아펜젤러는 그레이 부인에게 정동 이화 캠퍼스를 구경시켜 주었다. 그레이 부인과 딸들은 새로 개관한 이화 최초의 대학 건물인 프라이홀에 관심을 가졌다. 알고 보니 프라이홀을 설계한 올리프 파이가 그레이 부인의 딸 이블린 그레이Evelyn

Gray와 같은 스미스대학Smith College 출신이었던 것이다.

그레이 부인은 이화가 연합 대학인지, 또 장래 계획은 무엇인지 물었다. 아펜젤러는 지금은 연합 대학이 아니지만 그렇게 되길 바란다고 답했다. 또한 지금 선정해 놓은 아름다운 대학 부지가 있으며, 그곳에서 새로운 대학을 시작하게 되면 곧 연합 대학이 될 수 있다고 덧붙였다. 아펜젤러의 말을 듣고 있던 그레이 부인이 입을 열었다.

"그 땅을 사려면 얼마가 드나요?"

그리고 잠시 딸들과 상의하던 그녀가 덧붙였다.

"당신들이 계획하는 새 대학을 위해 우리가 그 부지를 사고 싶어요."

아펜젤러는 뛸 듯이 기뻤다. 하지만 이렇게 큰 결정을 재빠르게 내린 배경이 내내 궁금했다. 몇 년이 지나 아펜젤러가 그레이 부인의 딸인 이블린 그레이에게 그 이유를 묻자 그녀는 다음과 같이 대답했다.

> 우리도 종종 우리가 왜 그랬을까 의아해했다. 한 가지 호소를 다른 것과 조심스럽게 비교해 가며 모든 세부사항을 검토하던 우리의 평소 습관과는 아주 반대되는 일이었다. 무엇인가가 우리가 그렇게 하도록 만든 것 같다. 그러

나 우리는 우리가 한 일에 대해 항상 기뻐했다. 그리고 그 일이 옳았다고 믿는다.*

아펜젤러는 이 갑작스런 도움의 손길이 그 시간 미국에서 대학 부지 확보를 위해 애쓰고 있던 김활란의 탄원에 보내는 하나님의 답이라 여겼다. 김활란의 탄원을 듣고 하나님이 그레이 부인에게 메시지를 보냈다고 믿었다. 그레이 부인과 이화의, 이 운명 같은 우연은 여기서 끝나지 않았다. 그레이 부인은 몇 년 동안 한국의 남쪽 지역에서 활동했던 스와인하트M. L. Swinehart 감독의 몇몇 사업을 돕게 됐다. 아펜젤러는 그레이 부인이 기부한 대학 부지에 건물을 지을 총감독으로 스와인하트를 임명하기 전까지 이런 사실을 전혀 몰랐다. 그에게 굳은 신뢰가 있었던 그레이 부인은 그가 총감독으로 대학 건물 공사를 시작하자 다시 대학 부지 마련을 위해 그녀가 기부했던 기금의 두 배에 달하는 기부를 더 했으며 1937년에 또 다시 기부를 했다. 그리고 아펜젤러에게 한 장의 편지를 보냈다.

나는 내 변호사로부터 걱정한 것보다 내 투자의 결과가

---

* Alice R. Appenzeller, "Two Friends of Korea", *KMF*, 1939.11, pp. 237–239.

> 아주 좋다는 이야기를 들었다. 그래서 나는 내 재산을 나누어 올해 이화에 5,000달러를 기부하기로 결심했다. 나는 그 기부금을 어떻게 사용하라고 제한하지 않을 것이다. 당신이 원하는 대로 쓰기 바란다.*

그리하여 많은 이화인들과 선교사들이 염원하던 신촌 캠퍼스 부지의 매매가 1924년 7월, 마침내 그간의 우여곡절 끝에 성사되었다. 약 55,000평에 달하는 이 땅에는 본래 정조의 후궁인 화빈궁 윤씨의 묘소가 있었으며 당시 식산은행과 6명의 개인 소유지가 포함되어 있어 매입 절차가 그리 간단치는 않았다. 그러나 지루한 협상 끝에 결국 대학 부지 매입이 완료되었다. 1924년 9월 20일 미국 북감리회 연례회에 참가한 선교사들과 이화의 친구들이 조선기독교대학(연희전문학교) 가까이에 있는 여자대학 새 부지에서 만나 그 땅을 한국의 여성 고등교육을 위해 봉헌했다. 사람들은 아름다운 숲과 계곡이 있는 대학 부지를 둘러보았다. 그리고 나무 아래 모여 감사와 봉헌을 위해 간단한 예배를 드렸다. 한국인 목사들, 선교사들, 이화학당의 학생들이 경이와 찬미가 가득한 마음으로 모여 인도

---

* "Two Friends of Korea", *KMF*, 1939.11, pp. 237–239.

에서 온 완Bishop Warne 감독의 말을 경청했다. 그는 하나님이 그의 자녀들에게 필요한 것들을 비축했다가 알맞은 때에 자녀들에게 주었다고 말했다. 그러면서 자녀들이 필요로 한다면 건물도 곧 지을 수 있으리라는 희망을 청중들에게 심어주었다.* 아펜젤러는 한국의 기독교인들이 한국 여성들에게 고등교육을 받을 기회를 주고자 마음을 모은다면 곧 이 부지에 건물을 세우고 대학 캠퍼스로서 개원할 수 있다고 전망했다.**

'이화여자전문학교'의 시작!

우여곡절 끝에 신촌 캠퍼스 부지를 마련한 아펜젤러에게 또 하나의 커다란 난제가 찾아왔다. 이화학당 대학과의 등록학교 인가 유예기간인 1925년 3월 30일이 얼마 남지 않았던 것이다. 당시 이화학당은 정부로부터 인가받은 학교가 아니었다. 1924년 『기독신보』에서는 이화학당의 대학과와 프라이홀의 의의를 높게 평가하면서도 총독부 등록학교로 인가를 받지 못한 점에 유감을 표시했다. 당시 이화학당에는 여러 교파의 학생들이 다니고 있었던 만큼 등록학교 인가를 위해 각 교파가 연합

---

* 『이화 100년사』, 161쪽.

** Alice R. Appenzeller, "The New College Site for Women", *KMF*, 1924.12, p.262.

해 학교를 경영, 완전한 조선여자전문학교를 만들었으면 좋겠다고 전망했다.*

일제는 1911년 '조선교육령'을 공포하고 대학령을 두지 않았다. 따라서 이화학당 대학과는 물론, 1907년 구한국 정부로부터 인가를 받아 대학과를 병설한 숭실학교 역시 인가가 취소되었다. 일제는 뒤이어 1915년 3월에 사립학교 규칙을 대폭 개정, '개정사립학교 규칙'을 공포하고 이와 더불어 '전문학교규칙'도 공포했다. 같은 해 4월 1일부터 시행된 '전문학교규칙'에는 '본령에 따라 설치하는 전문학교가 아니면 전문학교라 칭할 수 없다'고 밝혔다. 특히 개정된 규칙에는 선교회 학교의 정규 교과에서 성경과 종교의식을 금하라는 항목이 있었는데, 이는 교육을 통한 선교에 지장을 주는 일이라 논란이 되었다. 그럼에도 1917년 WFMS의 한국여성회교육위원회는 총독부에서 발급한 교사자격증을 가진 교사를 두고 필요한 자금이 확보되는 대로 가능한 한 빨리 총독부의 규정에 따를 것을 자신들이 경영하는 학교에 권고했다.

아펜젤러 또한 등록학교 설립의 필요성을 절감하고 있었다.**

---

* 「여자전문학교의 장래」, 『기독신보』, 1924년 9월 17일자.
** Alice R. Appenzeller. "Jottings from the Korea Woman's Conference Methodist Episcopal Church", *KMF*, 1918.9, p.199.

일제가 규정한 전문학교의 규정은 매우 까다로워서 요건을 충족시켜 전문학교로 인가를 받기는 매우 어려운 실정이었다. 설상가상으로 미션스쿨의 정규 교과에서 성경과 종교의식을 금하라는 규정은 받아들이기 어려운 조건이었다. 그럼에도 아펜젤러가 등록학교 인가의 필요성을 역설한 데는 그럴 만한 이유가 있었다. 이화학당 대학과를 졸업해도 정부로부터 인가를 받지 못한 학교라는 이유로 졸업생들이 학력을 인정받지 못해 진학과 취업에서 큰 불이익을 받을 것을 걱정했기 때문이다.

유예 시한이 점점 다가오자 아펜젤러는 기독교 연합 여자대학을 꾸리겠다는 선교부의 계획이 실현되기만을 마냥 기다릴 수 없었다. 어찌됐든 결단을 내려야만 했다. 자칫하면 한국 여성 교육을 위해 수고한 많은 이들의 노력이 한순간에 무너져 내릴 수도 있는 상황이었다.

이에 그녀는 1925년 3월 1일 재단법인 미감리회 조선인 선교부 유지재단 이사 애다 홀Ada B. Hall의 명의로 이화여자전문학교 인가 신청을 냈다. 조선총독부로부터 정식 인가를 받은 것은 같은 해 4월 23일, 이화학당은 당당히 이화여전으로 새로운 출발을 하게 되었다. 그 해 9월에는 아펜젤러가 이화학당의 당장이 아닌 이화여전의 교장으로 조선총독부의 인가 승인을 받았다.*

일부에서는 '여자전문학교'로 인가를 받았다는 점을 들어 대학과 학생이 전문학교 학생이 되었다며 쓴소리를 하기도 했다. 발전이 아니라 오히려 '퇴보'라는 것이다. 그러나 실상 이화여자전문학교의 탄생은 한국 여성 교육사에서 큰 의의를 지닌 사건이 분명했다. 이화여전이 되면서 문과와 음악과 등 학과목을 정비·강화했고, 당대 최고의 남자 학교로 불리던 연희전문학교, 보성전문학교와 어깨를 나란히 할 수 있는, 여성을 위한 유일한 최고학부가 탄생하는 순간이었기 때문이다. 등록학교 인가를 통해 이화의 학생들은 남성들과 동등하게 사회가 인정하는 전문교육을 받을 수 있었으며, 졸업 후 교사 자격증을 받아 더 많은 학생들이 사회로 진출할 수 있게 되었다.** 일제는 '전문학교'로서 받은 인가라는 점을 내세워 여성 고등교육의 발전을 막으려고 했지만, 이는 오히려 교육의 질을 향상시키는 발전의 기폭제가 되었다.

---

* 『이화 100년사』, 169–170쪽.

** Alice R. Appenzeller, "Changes at Ewha Haktang, 1925", *KWC*, 1925, p.46.

안식년에도 쉬지 않았던 모금 활동

> 1923년 나누어지지 않은 전공(과정)으로 20명의 학생이 있었지만, 1925년 이화학당 대학과는 총독부 교육제도상 공인된 대학, 곧 전문학교가 되었다. 1928년에는 완전한 총독부 인가를 받아 졸업생들이 자신의 전공 분야에서 교사 자격증을 획득할 수 있게 되었다. 지금 3개 학과(문과, 음악과, 가사과)에 138명의 학생들이 있다. 1929년 올 봄 가사과의 추가로 작은 데다 하나뿐인 건물이 꽉 차서 혼잡하다. 내년 봄 가사과 신입생이 입학하게 되면 혼잡은 더 심해질 것이다. 새로운 장소가 확보되지 않으면 대학 수업이 제대로 수행되지 못할 것이다. 이번 안식년 동안 나는 새로운 건물을 위한 자금을 모으는 큰 임무를 감당해야 한다.*

1925년 이화여전을 출발시킨 아펜젤러는 다시금 새로운 신촌 캠퍼스 건설을 위해 총력을 기울였다. 이러한 노력은 1928년 안식년을 맞아 잠시 학교를 떠나게 된 순간에도 계속되었다.

---

* Alice R. Appenzeller, "Recent Developments in the higher Education of Women in Korea", *The Korean Student Bulletin*, The Korean Student Federation of North America, 1929.10, p.8.

평소 국적과 교파를 초월한 우정으로 많은 친구들과 사귀며 열정적으로 편지를 써왔던 만큼, 아펜젤러는 대단한 열정으로 모금 운동을 주도했다. 1928년 안식년을 맞아 미국으로 돌아갈 때도 아펜젤러는 곧장 미국으로 가지 않고 인도와 유럽 등 여러 나라를 먼저 방문했다. 그녀에게 안식년은 휴가가 아니라 이화를 위해 더 특별한 업무를 할 수 있는 중요한 시간이었다. 안식년 내내 아펜젤러는 세계를 대상으로 이화를 위한 모금활동에 몰두했다. 수많은 곳을 찾아다니며 이화를 소개하고 이화의 건축 사업을 설명했다. 하지만 역시 모금의 중심이 된 곳은 아펜젤러의 모국인 미국이었다. 아펜젤러는 맥코넬Francis J. McConnell을 위원장으로 모금실행위원회Executive Committee를 조직하고 뉴욕에 사무실을 열었다. 자신은 서기가 되어 이화를 소개하는 소책자를 만들어 가지고 다니며 사람들을 직접 찾아다니고 이화를 위한 모금을 호소했다. 미국 각지를 돌아다니며 연설도 했다. 그 결과 1931년 2월 14일, 아펜젤러가 한국에 귀국할 때까지 확보한 기금은 무려 20만 달러에 달했는데, 이중에는 미국에 살고 있는 한국 교포들이 모아준 돈도 포함되어 있었다. 그밖에도 WFMS로부터는 6만 달러를, 파이퍼 부인으로부터는 대학의 첫 건물인 본관 건축 기금을 약속받았다.* 당시 아펜젤러를 만났던 한 동창은 그녀가 해어질 만큼 낡은 속옷을 입고 있는 것을 우연히 보고 눈시울이 뜨거워졌다고 말할 정도였다. 그만큼 신촌 캠퍼스의 마련은 그녀가 큰 희생을 감내하면서까지 이루고자 한 간절한 열망이자 꿈이었다.**

미국에서 아펜젤러는 운명의 은인인 파이퍼 부인과 재회했다. 파이퍼 부인과 이화의 인연은 1920년 즈음으로 거슬러 올라간다. 1920년, 필라델피아를 방문했을 때 아펜젤러는 재산가인 파이퍼 부인이 선교회에 관심이 있다는 이야기를 들었다. 아펜젤러는 그녀가 대학 부지를 사는 데 도움을 줄 수 있겠다고 생각해, 파이퍼 부인이 출석하는 모임에서 부탁해 온 연설 요청을 흔쾌히 받아들였다. 예상대로 파이퍼 부인은 이화를 위해 1,000달러의 기부를 약속했고, 이를 필요한 비용이 발생했을 때 지불하기로 했다. 그 뒤로 아펜젤러는 안식년을 이용해 미국에서 모금 운동을 벌이면서 파이퍼 부인을 찾아가 10년 전의 그 약속을 이행해 줄 것을 요청하며 첫 건물의 기부를 부탁했다. 파이퍼 부인은 아펜젤러의 요청에 다소 놀라며 "큰 금액이 들 텐데요. 그렇지 않아요?"라고 물었다. 그러자 아펜젤러는 주저없이 다음과 같이 답했다.

---

* 『이화 100년사』, 221–222쪽.
** 『한가람 봄바람에 : 이화 100년 야사』, 326쪽.

"물론입니다. 그러나 이 대학이 한국의 소녀들에게 무엇을 의미하는지 생각해 보십시오."

이 말에 파이퍼 부인은 다음 날 아침 바로 5만 달러를 기부하기로 결정했다. 이 엄청난 기부로 파이퍼 부인은 이화의 가장 큰 후원자가 되었다.*

1931년, 아펜젤러는 2년여 간의 모금 여행을 성공리에 마치고 귀국했다.** 아펜젤러가 귀국하자 교회 교육자들과 사회 유지들은 그녀의 노고를 치하하는 환영회를 크게 열었다. 국내 주요 일간지들은 이 행사를 보도하며 이화의 건축 사업에 전 국민이 참여할 것을 호소했다.***

미국에서 이루어졌던 모금 활동은 아펜젤러가 한국에 돌아오면서 일시 중단되었다가 컬럼비아대학에서 박사 학위를 마친 김활란과 안식년 휴가차 미국에 온 밴플리트Edna M. VanFleet가 재개했다. 이후 이들이 한국에 귀국하자 국내에서는 아펜젤러를 위원장으로 하고, 김활란을 서기, 밴플리트, 양주삼,

---

* "Two Friends of Korea", *KMF*, 1939.11, p.239.

** 「梨花專門基金으로 六十萬圓을 募來 二년간 귀국하야 큰 수확 엇고 亞扁薛羅校長 明夕歸京」, 『동아일보』, 1931년 2월 14일자; 「梨專基金 어든 깃븜 싊고 梨花校長「아편설라」 昨夕歸任, 在米同胞의 熱烈한 歡迎, 募金十分一은 그들의 주머니에서, 大混雜을 이룬 當夜의 京城驛」, 『동아일보』, 1931년 2월 16일자.

*** 「亞扁薛羅孃歡迎會, 梨女專擴充基金 모집하고 돌아와」, 『동아일보』, 1931년 5월 4일자; 『이화 100년사』, 221–222쪽.

신흥우, 베이커 박사, 영 선교사를 위원으로 하는 건축위원회가 조직되어 모금 운동을 이어갔다.*

『신한민보』는 당시 이화여전 교장인 아펜젤러가 '이화학교'라는 작은 학교를 '조선여자대학'으로 크게 키우기 위해 고군분투하는 모습을 전하기도 했다. 독신으로 조선의 여성 교육을 위해 희생하고 봉사하는 아펜젤러를 신문에서는 조선을 남편으로 삼은 '조선 여성의 어머니'이자 '조선의 희망'이라고 묘사하며 이화 건축을 위한 모금에 동참을 호소했다. 또 아펜젤러가 추진하고 있는 여자대학 설립이라는 커다란 비전에 물질적인 후원을 요청하면서, 한국인들이 준비해야 할 부국강병의 길은 여성 교육에 있다고 강조했다. 조선 망국의 원인의 하나가 여성 교육의 부인(否認)과 이에 따른 여성의 무식이며, 여성의 동등권을 허락한 지 10여 년이 지나 국력이 더욱 강해지고 있는 미국의 사례를 들며 여성 교육이 국민성 향상에 큰 영향을 끼친다고 강조했다.**

아펜젤러는 이화의 발전이 곧 조선 여성의 발전이라고 믿었다. 그러나 늘 당당한 여장부처럼 보였던 아펜젤러 또한 '조선 여성을 위한 이 큰 사업을 과연 자신이 해낼 수 있을까?' 하

---

* 『이화 100년사』, 221–222쪽.
** 「아펜셀라양과 조선여자대학」, 『신한민보』, 1931년 1월 8일자.

며 겁을 냈던 순간이 있었다. 1928년 12월, 안식년 기간 동안 미국으로 건너가 건축 모금을 전개했던 때를 회상하며 그녀는 미국으로 가는 길에 그 책임이 얼마나 버겁던지 "차라리 배가 난파되었으면 좋겠다는 생각을 하기도 했다."고 고백할 정도였다.* 하지만 그녀는 마침내 그 뜻을 이루었다.

모두의 마음이 모여 이룬 결실

교파를 뛰어넘는 모든 기독교인의 도움과 이화인들의 대대적인 모금 활동으로 차곡차곡 준비되어 온 이화의 건축 사업은 1932년, 대학 부지의 도로를 정리하고 3개의 건물을 세우는 것을 목표로 시작됐다. 확보된 자금 중 5만 달러는 본관 건축용으로 파이퍼 부인이, 2만5천 달러는 그레이 부인, 2만 달러는 남감리회, 1만 달러는 에머슨 씨가 기부한 것이었다. 나머지 금액은 남녀노소 할 것 없이 국적을 초월한 도움의 손길로 충당됐다. 캠퍼스 공사가 시작된 이후로도 모금 운동은 꾸준히 전개되었다. 파이퍼 부인은 본관 건축비, 기숙사와 교수 주택비 등으로 5만 달러를 기부하고서도 5만4천 달러를 대학에 더

* 『신동아』 제2권 제6호, 1932년 6월, 76쪽.

기부했고, 캐나다 선교부에서도 기숙사 1동의 건축비로 써달라며 2만5천 달러를 기부했다. 가난한 작은 교회에서도 헌금을 모아 보내왔고, 금반지와 금시계를 내놓는 부인도 있었다. 이화여전 문학부에서 개최한 단편 콘테스트에서 상을 받은 한 소녀는 자신이 받은 얼마 안 되는 상금을 신축 대학 건물, 특히 기도실을 짓는 데 써달라는 편지와 함께 기부하기도 했다.*

이렇게 국내외를 망라한 모든 곳에서 돈이 많고 적은 것과 상관없이 많은 사람들이 '이화'를 위해 기부를 했다. 젊은이, 어린이, 어른들의 모임에서 WFMS에 특별한 헌금을 하기도 했다. 남감리회에서는 오랫동안 한국 담당 간사로 일한 에스더 케이스Esther Case를 기념해 아름다운 음악 건물 '케이스홀Case Hall'을 기부했다. 케이스는 자신이 얼마 살지 못할 것을 알고 난 뒤 참석하게 된 마지막 회의에서 이화를 위해 특별한 헌금을 하는 기도 주간이 있음을 알게 됐다. 이에 그녀는 이화를 위해 마지막까지 매일 기도를 했다.

이화여전의 채플이었던 에머슨홀Emerson Hall은 메디슨빌Madisonville의 페니 에머슨Fannie S. Emerson을 기념하여 명명되었다. 그녀는 메리 힐먼Mary Hillman으로부터 한국 기독교인들

---

* "From the Editor's Desk—From Ewha College", *KMF*, 1933.4, p.83.

의 기도하는 삶에 대해 들었다면서, 큰돈을 기부하며 그 돈을 꼭 이화를 위해 써달라고 부탁했다. 이 채플은 기독교인의 영적인 삶을 풍부하게 하는 데 크게 기여했다.

1년에 1번씩 한국 감리회는 '이화주일(일요일)'을 지켰는데, 이때 많은 가난한 이들이 귀한 기부를 했다. 돈이 없었던 한 여성은 자신의 시계를 내놓았다. 미국에 있는 한국인들도 이화를 위해 기부했다. 선교사들과 그들의 친구들도 여러 가지 방법으로 기부를 했다. 기부는 비단 '돈'만을 의미하지 않는다. 가장 귀중한 것을 아낌없이 내어놓는다는 뜻이기도 하다. 그 중에는 시간으로, 생각으로, 노동력으로, 공감(찬성)으로, 충고와 격려로 이루어진 기부들도 있었다. 선교사회 간사들 또한 끈기 있고 헌신적인 기부를 했다.

새로운 이화의 탄생, 이 아름다운 기적은 결코 우연이 아니었다. 많은 사람들이 이화를 위해 자신들의 역할을 수행했기 때문이다. WFMS의 회장인 토마스 니콜슨Thomas Nicholson은 개관식에서 다음과 같이 공식적인 메시지를 남겼다.

> 이 건물들의 완성은 여러분이 참여한 계획의 끝이 아니라 시작이다. 이제 새로운 기회의 문이 한국의 젊은 여성들에게 열린다. 우리는 그녀들이 자신들의 온 마음과 몸을

> 바쳐 생명을 주신 이에게 헌신하기 위해 출발점에 설 것이라고 믿는다. 그녀들은, 모든 인류에게 풍요로운 삶을 주신 예수의 정신 안에서 자신의 민족과 다른 국가들이 조화를 이루도록 봉사와 책임을 다하기 위해 준비할 것이다.*

1930년에 책정된 건축 예산은 45만 달러였지만 공사가 끝난 1935년 당시, 새로 지은 건물의 건축비까지 합쳐 총 공사 비용은 25만 달러로 절감됐다. 이 금액은 이화가 새로운 캠퍼스 건축을 계획할 때 처음 잡은 예산으로만 보면 건물 2개도 올릴 수 없는 돈이었다. 그런데 다행스럽게도 공사를 시작하는 즈음, 엔화 환율이 절반으로 떨어졌다.** 건축 자재의 대부분을 일본에서 들여오던 터라 엔화의 가치가 떨어진 것은 건축 사업에 더할 수 없는 호재가 되었다. 건물 1개를 지을 돈으로 2개를 지을 수 있게 되었기 때문이다.

캠퍼스 공사가 시작된 지 1년여가 지난 1933년 6월 10일, 드디어 본관의 머릿돌을 놓는 신촌 교사 정초식이 거행되었다. 이 자리에는 이사장이자 학부형인 신흥우 박사를 비롯한 내외 손님, 재학생, 교직원, 졸업생이 참석했다. 정초식은 예배와

---

* "A Miracle and A Fairy Tale", *KMF*, 1935.7, p.138.
** Alice R. Appenzeller, "Ewha College", *KWC*, 1932, p.37.

이화 건축 사업에 대한 경과 보고를 마친 뒤, 김활란과 학생 대표 이태영이 정초대 돌 속에 성경, 찬송가, 학교 도면, 당시 이화에 관한 신문 보도, 학교 도장과 학생 명단 등의 기념물을 넣는 순으로 진행됐다.

새 교사의 건축 설계는 일본의 보리스 사Vories and Co.가, 총감독은 스와인하트가 맡았다. 당시 건축계에서 세계적인 명성을 가지고 있던 스와인하트는 한국과의 특별한 인연을 가지고 있었다. 그의 한국 이름은 서로득(徐路得)으로, 남장로회의 교인으로서 23년간 한국에서 선교사로 일했으며 1928년에는 종로에 성서공회를 짓기도 했다.* 그는 1932년 새 이화의 건축을 시작한 이래 건축에 대한 전문지식과 이화의 건축 계획에 대한 지칠 줄 모르는 희생과 헌신으로 이화의 건물은 아름다움과 실용성을 모두 지니게 됐다. 현대적이고 편리한 세부 시설, 화재를 미리 막을 수 있는 영구적인 설계, 보석처럼 아름다운 디자인, 무엇보다 좋은 건축자재의 저렴한 구입, 이 모든 것이 그의 앞에 놓인 과제였다. 그중에서도 가장 어려운 과제는 아마 좋은 건축자재를 저렴하게 구입하는 일이었을 것이다. 하지만 스와인하트는 모금으로 모인 이화의 건축 자금을 2배 이

---

* 『한가람 봄바람에 : 이화 100년 야사』, 327쪽.

본관 정초식
(1933)

상으로 알뜰하고 적확하게 활용했다.

이렇게 탄생된 새 교사는 개성에서 나온 화강암을 완자무늬로 쌓아올린 아름다운 고딕식 건물로 완성됐다. 이화의 건물은 화강암과 훌륭한 나무 세공 마무리로 건축의 미를 강조했다. 당시 한국 사회는 건축에서 실용성만 강조할 뿐, '아름다움'을 논할 여력이 없었다. 그런 의미에서 최초의 여자대학이었던 '이화'는 운이 좋았다. 건축 감독인 스와인하트는 아름다움과 실용성을 모두 고민하는 사람이었기 때문이다.

당시 한국에는 많은 선교회 건물과 교회가 있었다. 하지만 부족한 자금과 시간 탓에 실용성만 생각해 짓는 경우가 많았고, 그러다 보니 '아름다움'에는 별달리 신경을 쓰지 못했다. 그런 현실에서 이화의 신촌 캠퍼스가 완성되자, 캠퍼스를 둘러본 선교사 중 한 사람은 이렇게 말했다.

"한국 선교회는 건물의 아름다움에 거의 신경을 쓰지 않았다. 우리는 당신들이 이렇게 아름다운 건물을 갖게 된 것이 자랑스럽다. 이 건물들은 앞으로 큰 영향을 미칠 것이다."

또 다른 선교사는 스와인하트 건축 감독에게 직접 편지를 쓰기도 했다.

"이렇게 놀라운 건물을 짓다니……. 당신이 한국에서 한 일에 매우 감사드리고 싶다. 여기를 벗어나면 많은 것들이 상황에 맞춰 되는 대로 존재한다. 이 땅의 많은 건물들이 값싼 모조 보석이라면 이곳의 건물들은 완벽한 보석처럼 걸출하다."

건축의 아름다움은 단지 사람들의 눈만 즐겁게 하는 것이 아니었다. 건물 안에 있는 사람에게 자신이 아름다운 궁전에 있는 공주처럼 대우받고 있다고 느끼게 한다. 존중받는 사람은 다른 사람을 존중하는 마음을 자연스레 갖게 된다. 학기 중에 시작된 예배 시간, 길고 아무런 장식도 없는 낡은 건물에서는 학생들에게 예배를 드리기 전 불가피하게 정돈과 존경을 강요해야 했다. 하지만 아름다운 이화여전의 채플인 '에머슨홀'에서는 구태여 그런 말을 할 필요가 없었다. 리드 오르겐과

피아노가 잔잔히 연주되면 아무런 이야기를 하지 않아도 학생들이 경건하게 들어왔다. 그들은 조각된 설교단 위에 있는 십자가를 보며 스스로 조심스럽게 앉아 조용히 기도를 드리거나 명상을 했다. 그들은 예배를 드리며 오히려 하루의 에너지를 새롭게 충전했다.

드디어 신촌 캠퍼스로!

원대한 꿈을 품고 이화의 건축 사업을 시작한 지 3년이 지났다. 정동에 있던 이화여전은 드디어 새로운 보금자리 신촌으로 이전했다. 1935년 2월 조선총독부로부터 위치 이전 허가를 받고 이삿날은 프라이의 생일이기도 한 3월 9일로 정해 이전했다. 아펜젤러는 캠퍼스 이전에 앞서 마지막 금요 채플 시간에 다음과 같이 기도와 사랑의 놀라운 힘에 대한 감격을 전했다.

> 우리 이화는 많은 사람들의 기도와 사랑이 모인 결정체이다. 어느 한 사람이 이화를 만들었다고 말할 수 없으며 이는 전 세계의 사랑이 이루어놓은 것이다. 새로운 이화는 학교일 뿐만 아니라 모든 한국 여성들의 궁전이다. 우리는 모두 이 궁전에 사는 공주들이다.*

1935년 3월 9일 이른 아침, 정동의 프라이홀 앞에서 엄숙한 고별식이 행해졌다. 450여 명의 교직원과 학생들은 49년간 함께해온 정동의 이화를 가슴 벅차게 떠올렸다. 고별식이 끝나자 감리사들의 인도에 따라 이화여전과 이화보육의 두 문패를 든 학생들이 선두에 서고, 그 뒤에는 이화의 창립자인 스크랜튼의 사진을 든 아펜젤러와 제4대 당장인 프라이의 초상화를 든 김활란이 행렬에 나섰다. 이들은 정동에서 신촌까지 3킬로미터가 훌쩍 넘는 먼 거리를 손수 짐을 든 채 걸어서 이동했다. 긴 도보길 끝에 이화의 새로운 캠퍼스에 도착한 이들은 본관 3층 강당에 모여 아펜젤러의 말씀과 함께 예배를 드렸다. 새 캠퍼스에서 첫 수업은 3월 11일 월요일부터 시작되었다. 3월 28일에는 이화여전과 보육학교의 졸업식이 신촌 캠퍼스에서 처음 거행되었으며, 3월 29일과 30일에는 입학시험이 실시되었다. 그렇게 점차 신촌 캠퍼스의 생활이 자리를 잡아갔다.[**]

정동에서 신촌으로 이전한 첫 해에 치러진 창립기념 행사는 여느 해와는 다른 순서로 진행되었다. 먼저 창립기념일인 5월

---

* *Ewha College Girl*, Vol. 5, No. 6, 1935. 3; 『이화 100년사』, 228쪽 재인용.

** 『이화 100년사』, 228–229쪽.

신촌 캠퍼스 이전 후 본관 앞에서 찬송가를 부르는 일행들(1935)

31일에 본관, 음악관, 강당, 체육관의 봉헌식이 거행되었다. 아펜젤러의 사회로 연동교회 함태영 목사의 기도, 양주삼 총리사의 봉헌 예문 낭독, 이사회 신흥우 회장의 학교 연혁 소개, 웰치Herbert Welch 감독과 후원회 윤치호 회장의 봉헌사, 스와인하트 건축 감독과 보리스 사의 건축 경과보고에 이어 각 계의 축사가 이어졌다. 특히 학부형회와 후원회의 회장을 겸하고 있었던 윤치호는 축사를 통해 아펜젤러의 업적과 나라 안팎에서 도움의 손길을 보내온 국민들을 크게 치하했다. 새 캠퍼스에서 맞이한 이화의 49번째 생일은 한국 여성은 물론, 민족 전체에게 뜻 깊은 날이었다. 이날은 한국인 스스로 한국의 딸들을 열심히 키우겠다고 새롭게 다짐하는 날이기도 했다.*

아펜젤러가 보여준 현명한 계획의 힘, 확고한 신념, 자금 모금에 대한 나라 안팎의 수많은 호응으로 아름다운 캠퍼스에 드디어 건물들이 들어서고, 마침내 이화의 보금자리가 이사를 했다. 아펜젤러가 한 일은 비단 캠퍼스 대지를 마련하고 새 건물을 지은 것이 다가 아니었다. 물질로 존재하는 대학 전체뿐 아니라 영적으로 존재하는 이화가 모두 그녀의 기념비였다. 아펜젤러는 한국 여성의 삶을 지적으로도, 또 영적으로도 발

* 『이화 100년사』, 229쪽.

전시켰다. 이화는 한국 소녀들의 삶에 희망의 씨앗을 심어주고 그들이 기독교인으로 성장해 알찬 열매를 맺기 위한 밑거름이 되었다.

여자종합대학교를 향한 꿈, 'Ewha College'

신촌 캠퍼스의 완성으로 이화여전은 종합대학을 향한 꿈에 한걸음 더 다가설 수 있었다. 이화는 이화여전으로 명칭을 변경한 후에도 이화학당 대학과 시절부터 고집스럽게 지켜온 이름인 'Ewha College'를 계속해서 사용했다. 비록 조선총독부의 교육시책으로 이화의 염원이었던 대학의 꿈을 이루지 못한 채 이화여전이라는 이름으로 독립, 개교하게 되었지만 대학College의 꿈을 절대 버리지 않았다.*

사실 여자대학에 몰두하는 이화학당을 보는 세간의 눈은 그리 곱지 않았다. 1923년 최초의 대학 건물인 프라이홀이 지어졌을 때, 이 현대식 건물을 여학생들이 쓴다는 사실에 많은 사람들이 놀라움을 표했다. 프라이홀은 당시에 무척이나 훌륭한 건물이었다. 이 건물을 구경하러 온 사람들은 이화의 여학생

* 『이화 100년사』, 231쪽.

들이 바닥이 아닌 침대에서 잔다는 사실에 큰 충격을 받았다. 그러한 생활방식이 여학생들의 일상생활을 망가뜨린다고도 우려했다. 그밖에도 이화를 향한 수많은 비난이 있었지만 아펜젤러는 이런 말들에 흔들리지 않았다. 물론 마음에 상처가 생기기는 했다. 그러나 그녀는 이화의 정책이 본질적으로 옳다고 확신했다. 아펜젤러가 지향해 온 이화 정책의 목표, 즉 이화의 교육 목표는 가정과 사회에서 민족을 위해 헌신하고 봉사하는 한국 여성들을 길러내는 데 있었기 때문이다.

당시 많은 이들이 이화의 정책에 의구심을 나타냈다. 널찍한 홀을 거닐며 잘 완비된 강의실에서 공부하고 방음장치가 된 방에서 음악을 연습하는 소녀들이 자신들에게 주어진 혜택을 이를 누리지 못한 그들의 자매들과 나누기 위해 기꺼이 시골에 가겠냐며 의문을 품었다. 그러나 25년 동안 모든 기독교 사업에서 이화의 학생들이 보여준 봉사 활동, 그리고 한국에서 가장 행복하고 진취적인 가정을 꾸려간다고 해도 과언이 아닐 이화의 학생들을 생각하면 모든 것은 기우일 뿐이었다. 이화의 재학생과 졸업생은 누구보다 농촌계몽운동에 앞장섰다. 글을 모르는 사람들에게 글을 가르치고, 갖가지 질병을 일으키는 잘못된 위생 관념을 바로 잡아주었다. 이화의 학생들은 봉사를 자연스럽게 받아들였다. 학교를 다니는 동안 방학이나 주말에 수없이 봉사를 해왔기 때문이다.* 이화의 정신인 '나눔과 봉사'를 체득한 이화인들이 한국의 여성과 사회를 위해 일하는 것이 아펜젤러를 비롯한 모든 선교사와 교사들의 바람이었다.

이화인들은 당시 가정의 모습 또한 변화시켰다. 이화는 1929년 가사과를 설립하여 '가정학'에 대한 교육을 강화했다. 이로써 이전까지 남편의 부속물, 가정의 하인, 시어머니의 노예이던 한국 여성의 지위를 변화시켰다. 이화에서는 가정생활을 근대적이고 기독교적으로 변화시키는 주체가 여성 자신이 되도록 가르쳤다. 교육과 인격을 갖춘 여성은 남성과 동등한 배우자로서 가정의 중심이 되었다. 수준 높은 교육으로 자녀의 교육을 주관하고, 가족 구성원 모두가 행복한 근대 기독교 가정을 실현했다.

아펜젤러는 한국 여성의 능력을 확신했고, 이화의 정책은 그 믿음을 기반으로 세워졌다. 아펜젤러에게는 '한국 여성은 성품, 재능, 지적이고 영적인 힘이라는 장래성에서 다른 나라 여성들에 비해 결코 뒤떨어지지 않는다', '한국 여성에게 기회가 주어진다면 여느 나라 여성 못지않은 지성과 매력, 품성을

---

* "Ewha College", *KWC*, 1932, pp.39-40.

지닌 기독교 여성이 될 것이다'라는 굳은 믿음이 있었다. 때문에 아펜젤러는 더 많은 한국 소녀들이 규모가 더욱 커지고 좋아진 대학에 다니기를 바랐다. 그리고 이 바람은 정말 이루어졌다. 신촌으로 이사를 하면서 무려 500명의 여학생을 수용할 수 있게 된 것이다. 신촌으로 이사할 당시에도 이미 이화여전과 이화보육의 재학생은 300명에 달했다. 당시 1천만 명의 여성 인구 가운데 고작 300명만이 대학교육을 받고 있었던 만큼, 이화인들도 자신에게 주어진 '대학교육'이라는 귀중한 혜택에 강한 책임감을 느꼈다.

아펜젤러의 신념은 점점 빛을 발하기 시작했다. 이화여전은 한국 유일의 여성고등교육기관으로서 사회적 책임을 다하고, 사회 구성원인 여성을 더 나은 일꾼으로 육성하며, 장래에 한국 여성들을 이끌어갈 여성 지도자 양성의 중추기관으로 자리매김하게 된 것이다.

1910년에 이화가 처음 대학교육을 시작할 무렵, 학교를 찾아온 여학생들은 배움에 대한 굶주림을 채우느라 정신이 없었다. 이들은 무엇이든 스펀지처럼 그대로 빨아들였다. 당시 대학과 학생들은 배우는 데는 무척 열심이었으나, 교사의 말에 전혀 질문을 하지 않았으며 인쇄된 책의 내용에도 거의 의문을 품지 않았다. 그러나 1920년 전후 학생들의 태도가 달라졌다. 의문에 가득 차 스스로 실험해 보고 싶어 했으며, 그들이 배운 이론을 실제로 적용시켜 보고자 했다. 공공업무(정치 문제)에도 적극 참여했으며, 여러 가지 방법으로 자신을 표현했다.* 한국의 여성들이 서서히 자아를 찾고 자기 자신을 드러내기 시작한 것이다.

이화학당을 세운 여선교사들은 자신들의 선교 사업을 도울 수 있는 한국 여성 지도자의 양성을 매우 중요시했다. 이화가 양성하고자 했던 여성 지도자상은 군림하는 지도자가 아니라 희생과 봉사를 아끼지 않는 '섬기는 리더십servant leadership'을 가진 사람이었다. 때문에 대학 과정 내내 나눔과 봉사를 강조했다. 나눔과 봉사로 민족과 여성의 삶에 봉사하는 이화인이 되기를 바랐기 때문이다.** 쓸모 있는 여성의 삶, 유용한 여성의 삶, 사회적으로 인정받는 여성의 삶, 이것이야말로 아펜젤러가 한국 여성에게 주고 싶어 한 삶이었다

* "Recent Developments in the higher Education of Women in Korea", *The Korean Student Bulletin*, 1929.10, p.8.
** "Ewha College", *KWC*, 1932, pp.39–41.

창립 50주년 기념식(1936)

이화와 함께,
조선 여성과 함께

아펜젤러는 이화학당 출신으로 이화학당에서 교사로 근무하던 한국 여성들에게 안식년 개념의 휴가를 주어 해외 유학을 보냈다. 아펜젤러는 이들이 미국에서 근대 학문을 연구하고 견문을 넓히며 학위를 취득해 앞으로 있을 이화학당의 독립적인 대학 체제에서 중임을 감당할 인재로 성장하기를 바랐다.

폭넓은 사고, 따뜻한 리더십을 가진 지도자

아펜젤러는 사람들을 사랑했다. 상층과 하층, 남자와 여자, 늙은이와 젊은이에게 한결같은 관심을 기울였다. 개인 문제나 조직 문제에 대해 상담하고자 하는 사람들을 위해 언제나 시간을 냈다. 이화여전 교장으로서 중대한 책임을 수행하면서도, 동시에 교육이나 선교 문제를 다루는 수많은 위원회에 들어가 활발한 활동을 펼쳤다.

아펜젤러는 두 개의 감리회가 하나의 한국감리회로 통합되는 데 많은 시간과 노력을 쏟았다. 한국에 들어온 미국 감리회 선교사들은 각각 북감리회와 남감리회에 소속되어 따로 파송되었고, 한국에 들어와서도 종파별로 선교 지역을 정하고 그 지역 내에서 선교 사업을 전개했기 때문에, 1930년까지는 각각 선교 사업과 교회를 따로 운영하고 있었다. 미국 감리회는 남북전쟁 이전에 노예제도 문제를 둘러싼 의견 차이로 분리되었는데, 남북전쟁이 끝난 뒤에도 계속 분리를 유지했다.

그러나 이러한 분리는 한국에서는 불합리하고 불필요했다. 결국 1930년 선교사들과 한국감리회 인사들이 한자리에 모여 위원회를 만들어 의견을 모은 결과, 두 감리회는 한국 감리회로 통합하여 독립적인 종교 단체로 거듭났다. 이 과정에서 아펜젤러는 두 감리회를 하나로 만드는 데 주도적인 역할을 했다.* 한국인들과 감리회 선교사들이 서로 화합하고 협력한 결과였다. 1932년 한국 선교에 대한 그녀의 공헌을 인정받아 아펜젤러는 한국 감리회 목사로 임명됐다.**

통합 덕분에 이화여전은 더욱 커지고 강화된 합동 감리회로부터 많은 협력과 후원을 받을 수 있었다. 1930년대 대공황으로 미국의 경제 사정이 어려워지면서 선교회의 후원도 점점 줄어들고 있던 상황에서, 이러한 협력은 이화여전의 발전을 위해 다행스러운 일이었다. 당시 이화여전은 신촌 캠퍼스에 건물을 짓고 설비를 하는 등 지속적인 투자를 필요로 하고 있었다.

아펜젤러는 종교, 정치, 사회에 대해 적대적인 논쟁을 하는 것을 좋아하지 않았다. 그보다는 두 분파를 화해시키는 중재자가 되고자 했다. 그녀는 신학적 · 종교적 교리, 신앙 문제에 대해 자유주의적인 태도를 지녔고, 그녀와 의견이 다른 사람들에게도 상당히 관대했다. 그녀는 훌륭한 유머 감각을 가졌고 재치 있는 말과 너그러운 발언으로 논쟁을 피할 줄도 알았다. 한 예로, 일제 말기 조선총독부는 선교회 학교 학생들에게도 신사 참배를 강요했다. 장로회 선교사들은 이를 우상 숭배라고 거부하

---

* 미국의 남북 감리회 통합은 이로부터 9년 뒤인 1939년에 이뤄졌다.

** "Alice of Korea", *LCHS*, p.118.

며 학교 문을 닫아버렸고, 이에 많은 학생들이 교육의 장소와 기회를 잃고 방황하게 됐다. 하지만 아펜젤러를 포함한 감리회 선교사들은 융통성을 발휘해 신사 참배를 하나의 국가적 의식으로 간주하고 받아들였다. 기독교 관점에서 보면 종교적 의미가 없으므로 기독교 신앙과 배치되지 않는다고 생각한 것이다.

그녀의 자유주의적인 태도는 1934년 여름에 썼던 편지에서도 엿볼 수 있다. 수신인은 아내와의 이혼으로 한국에서 선교사직을 그만두고 미국에 돌아가 있던 사람이었다. 당시 선교사들은 이혼 문제에 굉장히 보수적이었기 때문에, 이 선교사의 이혼을 두고 말이 많았던 것이다. 물론 당사자 역시 한국에 선교사로 복귀할 마음은 별로 없었다. 하지만 아펜젤러는 그에게 편지를 보내 다시 선교사로 복귀하라고 간곡히 설득했다. 이화여전 교장으로서 학교 운영에 그 선교사의 재능과 능력이 필요했기 때문이다. 편지에는 아펜젤러가 지닌 자유롭고 폭넓은 사고와 관대함, 적극성, 따뜻한 리더십이 잘 드러난다.

> 한국인에게 '자유와 사랑'의 축복받은 복음을 전파하는 것을 그렇게 편협한 선교사들에게 맡겨두어서는 안 된다고 생각합니다. 이는 한국인들을 버리는 것입니다. 당신은 비난의 대상이었고 또 앞으로도 그럴지 모르지만, 좀 쉬고

> 나면 다시 '위대한 투쟁'을 위한 준비가 될 것입니다. 당신이 마음가짐을 그렇게 가진다면 다음 일은 하나님이 인도해 주실 것입니다.*

아펜젤러는 또한 교육에서도 자유주의적인 태도를 보였다. 교육은 단지 미래만을 위한 것이 아닌, 현재의 생활에도 유용해야 한다고 믿었다. 현재에 만족하는 생활과 건전한 육체와 정신을 이상으로 삼고 유용한 인물 만들기에 힘쓴다면 장래는 어렵지 않다고 보았다. 이에 교육이 생활의 기초가 되기 위해서는 먼저 학교와 가정이 긴밀한 관계를 가져야 한다고 주장했다. 교사는 아이의 가정 형편, 거처와 음식, 신체 상태와 함께 심리 · 감정적 상태까지 살펴 지도해야 하고, 부모는 아이에 관한 문제를 교사에게 의논해야 한다고 생각했다. 특히 아이 교육을 위해 아이가 공부하는 시간에 조용히 해주고 공부방을 마련해 줄 것, 영양가 있는 음식을 일정한 시간에 먹이고 일정한 시간에 재울 것, 학교에서 배운 내용을 가정에서 복습하게 할 것, 아이에게 책임감을 갖되 아들과 딸에게 동등한 기회를 주고 규칙적인 습

---

* J. Earnest Fisher, "Alice rebecca Appenzeller(1885–1950) : America's gift to Korean Womanhood", *Pioneers of Modern Korea*, The Christian Literature Society of Korea, 1977, pp.23–26.

관을 갖고 자라게 할 것, 가족이 함께 즐기는 시간을 가질 것 등을 강조했다.

이화의 스승들은 학교 차원에서 우수한 학생들을 뽑아 일본과 미국에 유학을 보냈고 그들이 귀국 후에 이화의 선배이자 교사로서 학생들을 지도하기를 바랐다. 이에 따라 1920년대 전반기에는 이은라, 김애식, 김활란의 미국 유학이 성사되었다. 이들은 각자 학업을 마친 뒤 1925년 거의 동시에 귀국, 조선총독부 인가 학교로 승격한 이화여전 문과, 음악과의 핵심 일꾼으로 봉직했다. 이들의 미국 유학은 이화학당이 이화여전으로 체제를 갖추는 데 합당한 자격의 교사를 확보하겠다는 성격이 강했다. 기존의 인재를 활용, 학교 차원에서 양성하고 앞날을 대비하고자 했던 것이다.

아펜젤러는 이화학당 출신으로 이화학당 교사로 근무하던 한국 여성들에게 안식년 개념의 휴가를 주어 해외 유학을 보냈다. 아펜젤러는 이들이 미국에서 근대 학문을 연구하고 견문을 넓히며 학위를 취득해 앞으로 있을 이화학당의 독립적인 대학 체제에서 중임을 감당할 인재로 성장하기를 바랐다. 1925년 이화학당 대학과가 이화여전이 되었을 때 외국인 교사와 한국인 교사의 비율은 3대 1이었다. 그러다 1920년대 후반에는 반반 정도로 비슷해졌고 1930년대에 이르러서는 한국인 교사의 수가 훨

씬 많아졌다. 이는 교장을 비롯한 학교 당국이 학교 발전의 청사진을 세우고 그에 따라 이화학당 대학과와 이화여전 졸업생들을 교사로 양성, 그들에게 미국 유학까지 주선해 이화여전의 교육을 담당할 인재로 양성했기에 가능한 일이었다.

이렇게 한국 여성 고등교육을 위해 그녀가 기울인 노력과 희생을 인정받아 1937년 6월, 아펜젤러는 보스턴대학에서 교육학 명예박사 학위를 수여받았다.

김활란에게 물려준 교장 직위

아펜젤러는 제자 중에서 자신의 뒤를 이어 이화의 토대인 기독교적 원칙을 확고하게 유지하며 일을 수행해 갈 후계자를 꾸준히 찾고 있었다. 그러던 중 김활란을 자신의 후계자로 생각하게 되었다. 아펜젤러는 1928년과 1936년, 이미 두 번 사임 의사를 이사회에 제출했지만 두 번 다 받아들이지 않았었다. 이에 1939년 아펜젤러는 세 번째로 사임 의사를 표했다. 이사회는 당시 시대적 상황이 급변하고 있다는 점을 고려하고 그녀에게 경영(행정)에 대한 책임을 덜어주기 위해 마침내 그 요청을 받아들였다.

1939년 아펜젤러의 사표가 수리되면서 김활란이 교장으로 임

총장 이임식 당시 아펜젤러와 김활란 (1939)

명되었다.* 교장 자리에서 물러났다고 아펜젤러가 아예 '이화'를 떠난 것은 아니었다. 그녀는 풍부한 경험과 지혜를 바탕으로 새로운 교장에게 값진 충고를 건네는 명예 교장 자리에 올랐다.

일찌감치 김활란을 새로운 교장으로 염두에 두고 있던 아펜젤러는 다음과 같이 말했다.

> 그녀는 열정적이고 총명하며 배워야 할 모든 것을 배우고자 했다. 그 시절, 대학 규모는 작았다. 몇 명의 선발된

---

* Marion L. Conrow, "A New President for Ewha College for Woman", *KMF*, 1939.6, p.118.

학생들은 젊은 교사들과 함께 성장해 나갔다. 당시 김활란은 그 반의 유일한 학생이었는데, 그녀는 우리가 가르쳐주는 지식을 아주 빨리 습득했다. 나로서는 김활란에게 유럽 역사와 영문학의 세계를 열어준 것이 가장 귀중한 특권 가운데 하나였다고 생각한다. 누구든 함께 성장하지 않고는 그렇게 열심인 마음과 정신을 지도할 수 없을 것이다.*

그녀의 가장 큰 발자취 중 하나는 제자인 김활란에게 이화여전의 교장 자리를 물려주었다는 점이다. 그 후에도 아펜젤러는 명예 교장이자 교사로서 계속 이화에 봉직했다. 두 사람은 저마다 자기 자리에서 최선을 다해 변함없이 이화의 발전을 위해 함께 일하며 기독교인의 협력을 보여주었다.**

한국을 그리워하며

하늘이 무너지는 것 같다. 벨이 울리고 커튼이 내려지고 있다. 11월 15일 미국 영사의 주선으로 마리포사 호가 제

---

* Marion L. Conrow, "Helen K. Kim, Ph. D. President of Ewha College", *KMF*, 1939.6, pp.119–120.
** "In Memoriam Alice Rebecca Appenzeller", 1950.4.23, pp.4–5.

물포(지금의 인천) 항구에 도착하면, 그 배를 타고 250명의 미국인들이 한국에서 철수할 것이다. 제물포는 55년 전 나의 부모님들이 처음 상륙했던 곳이기도 하다. 또한 이 바다는 내 아버지가 두 명의 한국인 친구를 구하려다 돌아가신 곳이기도 하다. 내 남동생과 나는…… 한국을 떠나려니 가슴이 찢어지는 것만 같지만 머지않아 곧 우리가 사랑하는 이곳 고향으로 돌아와 선교 사업을 계속할 수 있으리라는 희망을 가지고 있다.*

아펜젤러가 1940년에 작성한 편지글이다. 자신이 평생을 걸었던 모든 선교 사업을 뒤로한 채 한국을 떠나야 하는 심정이 잘 나타나 있다. 미국은 미일 관계가 악화되자 선교사들에게 한국 철수를 요청했다.

그런 이유로 아펜젤러도 1940년 한국을 떠나 미국으로 귀국해야 했다. 캘리포니아에서 살면서 기독교 사역자를 위한 테네시 주 내슈빌에 있는 감리교 학교인 스캐릿대학Scarritt College에서 1년 넘게 교수로 일했다. 이후에는 남동생인 헨리 닷지 아펜젤러와 함께 일해도 된다는 선교회의 허락을 받아, 군인 수송선

---

* 앨리스 아펜젤러가 친구들에게 보낸 서신, 1940년 11월 2일 : "Alice rebecca Appenzeller (1885–1950) : America's gift to Korean Womanhood", *Pioneers of Modern Korea*, p.28.

철수를 앞두고 학생들의 인사를 받는 선교사들(1940)

을 타고 하와이로 가서 선교 사업에 종사했다.*

아펜젤러는 하와이에 살면서 한국인들과 함께 일했다. 그녀는 성경반과 일요 학교에서 학생들을 가르쳤다. 마침 한국에서 이화여전의 교수를 했던 몇몇 사람도 하와이에 와 있었다. 헨리 닷지 아펜젤러는 하와이 호놀룰루에 있는 큰 감리교회 목사로 임명되어, 거기에 살고 있던 많은 한국인들을 대상으로 목회 활동을 했다. 아펜젤러는 남동생의 가족들, 친구들과 함께 하와이에서 2년을 바쁘게 보냈다. 한국을 떠나왔지만 아펜젤러의 마음에는 언제나 한국이 있었다. 그녀가 하와이로 간 것도 일제를

* 「아편설라 박사는 하와이로 전왕」, 『신한민보』, 1941년 10월 2일자.

피해 이주해 온 한국인들이 많이 살고 있었기 때문이다.

당시 하와이에 살고 있는 한국인들은 7천여 명에 이르렀다. 한국인 이주민 2세들은 미국 시민으로 태어나 학업을 마치고 의사, 치과의사, 간호사, 교사, 목사, 사회봉사가, 변호사, 엔지니어 등 여러 분야에서 훌륭하게 활동하고 있었다. 또한 하와이에 있는 모든 한국인 단체들은 일편단심으로 조국의 완전한 독립을 바라고 있었다. 이에 대해 아펜젤러는 다음과 같이 기술했다.

> 나이 많은 할머니로부터 젊은 여성까지 모두 다 조국애에 불타고 있다. 그들은 희생을 아끼지 않는다. 중국에서 싸우는 한국군에게 성금을 보내고 선물도 한다. 전쟁 비용을 충당하기 위해 미국 정부가 발행한 채권도 사고 여러 군수 공장에서 일하기도 한다.*

선교사들이 철수하면서 선교회와 이화 간의 교신도 끊어졌다. 하지만 WFMS의 선교사들은 이화를 위한 활동을 쉬지 않았고, 다시 이화를 도울 날을 기다렸다. 선교 본부의 예산에는 언

---

* 엘리자베스 키스, 엘스펫 K. 로버트슨 스콧 저, 송영달 역, 「부록1 앨리스 아펜젤러 박사가 쓴 하와이에 있는 한국인들」, 『Old Korea, 엘리자베스 키스의 코리아, 1920-1940』, 책과함께, 2006, 246쪽.

하와이에서 58세 생일을 맞은 아펜젤러(1943)

제나 이화를 돕는 예산이 책정되어 있었다. 이화협동위원회에서는 이를 송금하고자 했지만 태평양 전쟁 중에는 송금이 불가능했기 때문에, 저축해 두었다가 가능할 때 다시 돕기로 했다. 이때 중추적인 역할을 한 사람도 바로 아펜젤러였다.

다시 이화의 품에서

1945년 8월 마침내 일본이 항복하고 9월에 미군이 한국에 진주하자, 선교사들은 한국으로 돌아가 5년 동안 중단되었던 선교사업을 이어가고자 했다. 하지만 미군정은 1947년 가을이 되어서야 선교사의 입국을 허락했다. 물론 미군정의 고문으로서 한국에 먼저 들어간 선교사들도 있었지만, 일반적인 선교사들의 입국은 1947년에야 허락되었다. 당시 아펜젤러는 미국 본토보다 한국에 가까운 하와이 호놀룰루에 있었기 때문에 다른 선교사들보다 조금 더 빨리 한국에 돌아올 수 있었다. 다시 이화를 찾은 아펜젤러는 1946년 12월, 이화의 명예 총장이 되었다.* 그 사이 이화여전은 김활란의 노력으로 종합대학교로 승격이 되어 있었다.

---

* 「아편설라 博士 歸國」, 『동아일보』, 1946년 6월 6일자.

아펜젤러는 엄청난 관심과 열정을 가지고 다시 선교 사업에 착수했다. 학생들을 가르쳤으며 김활란과 다른 교수들, 동료 선교사들의 상담에 언제나 기꺼이 응했다. 또한 아펜젤러는 미군정 관료들은 물론이고 그들의 부인들과도 친분이 두터웠는데, 덕분에 미군과 미국 민간인의 공식 모임에도 활발히 참여했다. 당시 한국인 정치 지도자들의 부인 가운데는 이화 출신이 많았다. 아펜젤러는 자연히 한국인 최고위층의 정치 · 사회적 모임에도 참여하게 됐다.*

전쟁이 끝나자, 한국은 인플레이션으로 정상적인 생활이 불가능했다. 한국에 귀국할 당시, 생계에 필요한 물품은 물론이고 일상용품 등도 챙겨서 오라는 말을 들었을 정도였다. 아펜젤러가 돌아온 그해 겨울은 캠퍼스에 난방조차 되지 않았다. 교수와 학생들은 옷을 가능한 한 많이 껴입고 다녔고 아펜젤러 역시 아예 담요를 안고 교정 곳곳을 다녔다.**

아펜젤러는 한국으로 돌아와 자신이 태어난 나라가 억압에서 벗어나 자유국가로 거듭나는 과정을 지켜보았다. 혼란한 정국 속에서도 그녀는 한국에 대한 변함없는 믿음을 가지고 있었다.

---

* "Alice rebecca Appenzeller(1885–1950) : America's gift to Korean Womanhood", *Pioneers of Modern Korea*, p.37.
** 『한가람 봄바람에 : 이화 100년 야사』, 76쪽.

아펜젤러는 이화의 학생들과 젊은 교사들에게 어머니 역할을 하면서 모정을 느꼈다. 그녀는 종종 그들을 '딸'이라 불렀고, 그들도 그녀를 '엄마mother'라고 부르며 정을 주었다. 그녀의 온화하고 부드러운 성품은 항상 사람들을 주위로 불러들였다. 이들은 결혼해서 아이가 생기면 그녀에게 데려와 보여주었고, 그 아이들 또한 아펜젤러를 '할머니'라고 불렀다. 아펜젤러는 어려운 처지에 놓인 학생에게는 의논 상대가 되었고 남모르게 학비를 보조하기도 했다. 가장 많이 받던 때의 연봉이 겨우 1,200달러였지만,* 오랜 한국인 친구들뿐만 아니라 과거 자신의 집에서 일하던 사람들과 그의 자녀들도 기꺼이 도왔다. 선교사가 아니었다면 음악가가 되고 싶었다는 그녀는 한국 음악에 대한 사랑도 남달랐다. 흩어져 있던 국악들을 수집하여 정리하고 이를 학생들에게 가르치기도 했다. 이화인은 한국인이니 조국의 음악을 찾아 배우고 사랑해야 한다고 일렀다. 아펜젤러는 종종 다음과 같은 시조를 즐겨 읊었다. 시조를 읊는 그녀의 발음에서 외국인 티는 찾아볼 수 없었다.

청산도 절로절로 녹수도 절로절로

---

* "In Memoriam Alice Rebecca Appenzeller", 1950.4.23, p.6.

2년 늦게 치러진 아펜젤러의 회갑연(1947)

산절로 수절로 하니 산수간에 나도 절로

그중에 절로 난 몸이니 늙기도 절로 하리라*

1947년 5월 31일, 창립 61주년 기념일을 맞아 이화 동창회에서는 아펜젤러의 회갑연을 준비했다. 원래 선생의 회갑은 1945년이었지만 당시에는 미국에 있었고, 이화에 다시 돌아온 1946년은 시기가 겨울이었기 때문에 잔치를 치르기 어려웠던 탓이다. 아펜젤러의 회갑연은 이화 캠퍼스에서 진행됐다. 재학생과

---

* 『한가람 봄바람에 : 이화 100년 야사』, 76쪽.

동창생을 비롯한 2천여 명의 내빈이 자리한 가운데, 창립 기념식을 끝내고 뒤이어 치러졌다. 아펜젤러는 모든 격식을 한국 전통에 따른 그 자리에서 제자들이 마련한 한복을 입고 매우 흐뭇해했다. 고향에 다시 돌아온 아펜젤러도 기쁜 마음이었지만 그녀를 사랑하고 기다리던 모든 사람들에게도 뜻 깊은 자리였다. 잔치에 참여한 모든 사람들은 진심으로 회갑을 축하하며 그녀의 만수무강을 빌었다. 이화 졸업생이자 시인인 모윤숙은 아펜젤러의 회갑을 축하하는 시를 지어 낭독했다.

한국 여성의 계몽과 교육에 바친 66년

아펜젤러가 한국인과 한국 사회, 한국 여성과 여성 교육에 끼친 영향과 공로를 생각해 보면 그녀는 한국인 이상으로 한국을 사랑했다. 아펜젤러는 한국 여성의 어머니이자 한국인의 어머니이기도 하다. 오늘날 이화여자대학교와 한국 여성들은 이 위대한 여성을 기념하는 살아 있는 증거이다.

1950년 2월 20일 오전 11시, 아펜젤러는 이화여자대학교 중강당에서 '반석 위에 집을 지으라'는 주제로 채플을 인도하는 중이었다. 언제나처럼 유창한 한국말로 성경을 읽어가던 그녀는 갑자기 목소리가 흐려지며 말을 더듬었다. 순간 아펜젤러는 정신을 차리려고 노력했다. 이를 본 김활란이 얼른 달려가 그녀를 부축했다. 아펜젤러는 김활란을 보고 "내가 할 일을 아직 다 끝내지 못했다."라고 말하고는 그대로 쓰러졌다. 할 일을 다 끝내지 못했다는 그녀의 마지막 말은 미처 다 못 마친 채플일 수도 있고, 이화여자대학교 발전 계획이었을 수도 있다.

아펜젤러는 움직일 수도, 말을 할 수도 없는 상황에서 김활란의 손을 꼭 잡았다. 1940년 강제 추방되어 이화를 맡기고 떠나야 할 때도 그녀는 지금처럼 김활란의 손을 꼭 붙잡았었다. 뇌일혈로 쓰러진 아펜젤러는 급히 병원으로 옮겼으나 끝내 회복하지 못한 채 향년 66세를 일기로 생을 마쳤다.

아펜젤러의 서거 소식이 전해지자 이승만 대통령은 특별담화를 발표하여 애도를 표했고, 대한민국 국민들도 슬픔 속에 그녀를 보냈다. 매스컴에서는 생전의 교육 업적을 연일 이야기하면서 그녀의 타계 소식을 알렸다.* 장례식은 정동교회에서 거행하기로 했고 유해는 그레이하우스에 모셨다. 이정애 · 서은숙 교수가 직접 얇고 부드러운 명주로 수의를 만들었다. 유해를 모신

갈색 금속관은 미국 정부에서 보내왔는데, 이를 향기로운 장미와 백합, 카네이션, 마가렛 등 수많은 꽃으로 장식했다. 이 꽃들은 이승만 대통령의 부인인 프란체스카 여사가 가꾸던 개인 정원과 조선호텔 화원에서 가져왔고, 일부는 일본에서 공수했다. 아펜젤러의 장례는 그녀의 공적이 이화나 기독교에 국한된 것이 아니라는 뜻에서 사회장으로 거행되었다.** 장례식이 거행된 정동교회는 그녀의 아버지인 헨리 아펜젤러가 시작한 교회이자 그녀가 태어나 세례를 받은 곳이며 그녀의 목사 서임식이 거행된 곳이기도 했다. 이승만 대통령은 장례식에도 참석해 애도사를 남겼다.

앨리스 아펜젤러는 한국인의 마음에 자리 잡았다.***

생전에 아펜젤러는 자신이 죽으면 한국 땅에 묻히고 싶다고 말했었다. 한국에서 태어나 한국에서 평생을 살다가 한국에서 생을 마감하고 그녀의 바람대로 한국 땅에 묻혔다. 양화진 외국

---

* 「故亞扁薛羅女史 一代記. 信仰과 사랑의 生活. 偉業은 永遠히 빛나다」, 『동아일보』, 1950년 2월 23일자; 「아펜젤러양의 長逝를 애도함」, 『자유신문』, 1950년 2월 23일자; 「한국 교육계 은인, 아펜젤러 여사 서거에 대통령 談」, 『자유신문』, 1950년 2월 24일자; 이대 YWCA문예부 · 이대학도호국대, 「고 애펜셀러 박사 추도특집」, 『이화』 9, 1950, 164–196쪽.

** 『한가람 봄바람에 : 이화 100년 야사』, 77쪽.

*** "In Memoriam Alice Rebecca Appenzeller", 1950.4.23, p.7.

정동교회에서 치러진 아펜젤러의 장례식(1950)

인 묘지로 영구차가 떠나던 날, 차와 사람들이 모여 긴 장례 행렬이 이어졌다. 서대문에서 양화진 묘지에 이르는 길가에는 고인이 지나갈 자리를 깨끗이 하느라 부녀자들이 비로 쓸고 물을 뿌리는 광경이 그치지 않았다. 아펜젤러가 한국인과 한국 사회, 한국 여성과 여성 교육에 끼친 영향과 공로를 생각해 보면 그녀는 한국인 이상으로 한국을 사랑했다. 한국 여성 고등교육을 위해 쏟은 노력들이 결국 한국 사회를 이끄는 여성 지도자, 근대적인 가정주부와 어머니를 배출한 원동력이 되었다는 점에서, 아펜젤러는 한국 여성의 어머니이자 한국인의 어머니이기도 하다.

한국의 기독교 교회, 여성 교육, 민족의 삶 등 모든 면이 아펜젤러의 지혜와 정신의 영향을 받았다. 그녀는 선교사들이 한국 여성을 위해 해온 모든 선교 사업의 상징이었다. 그녀는 일찍부터 한국 사회에서 한국 여성들을 해방시키고, 한국 여성들의 지위 향상을 위해 살겠다는 꿈을 가지고 있었다. 한국 역사상 뛰어난 여성들이 많았음에도 조선 사회는 여성을 열등하다고 생각했고, 그 능력을 인정하지 않았다. 여성에게는 글을 익히고 학문을 배울 기회조차 주지 않았던 것이다. 그러나 아펜젤러는 그런 한국 여성들이 남성과 동등한 기회를 누리고 하나의 인격체로서 존중받을 수 있게 되기를 바랐다. 그리고 그 이상을 실현하기 위해 헌신했다. 오늘날 이화여자대학교와 한국 여성들은 이 위대한 여성을 기념하는 살아 있는 증거가 되고 있다.

부록

아펜젤러가 사랑한 한국의 여인들

결혼과 유학 사이에서 갈등한 **박인덕**

스스로의 비전을 만들어간 **황애덕**

한국 여성의 능력을 세계에 알린 **김활란**

죽는 순간까지 이화를 위해 기도했던 **김애다**

아펜젤러 연보

결혼과 유학 사이에서 갈등한
박인덕

대학과 제3회 졸업생으로 졸업한 뒤에도 이화에서 교사 생활을 하고 있던 박인덕은 유학과 결혼이라는 두 가지 갈림길에서 결혼을 선택해 스승이었던 아펜젤러를 실망시켰다. 아펜젤러는 재능 있고 촉망받던 제자가 결혼한다는 그 사실 자체보다는, 한창 한국의 여성 교육을 위해 일해야 하는 나이에 결혼으로 학교 일에서 손을 뗀다는 것에, 미국 유학이라는 자기 발전의 기회도 버린 채 가정에 안주하려 하는 것에 가슴 아파했다. 게다가 당시 박인덕의 결혼 상대자를 둘러싸고 세간의 평이 좋지 않았다. 1916년 프라이 교장 시절, 이화의 교사였던 하란사가 미국 뉴욕주 사라토가 스프링스에서 열린 세계 감리교 총회에 신흥우 목사와 함께 평신도 대표로 파견되었던 것처럼, 아펜젤러는 박인덕을 미국에서 열리는 감리교 총회에 대표로 파견하고자 했다. 대표가 되기에는 박인덕의 나이가 너무 어리다는 일각의 의견에도 불구하고, 아펜젤러는 확고한 신뢰와 전망을 가지고 박인덕의 미국 유학을 추진했다. 수업료와 숙식료를 포함해 전액 장

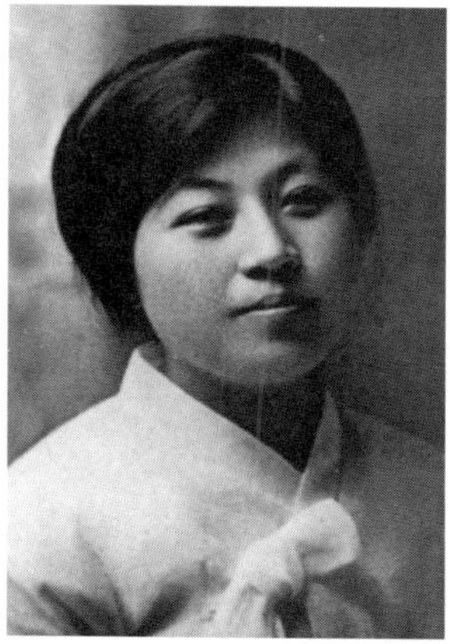

이화학당 대학과 3회 졸업생 박인덕
(1916년 졸업)

학금을 받고 박인덕이 델라웨어에 있는 오하이오웨슬리언대학에 진학할 수 있게 주선했던 것이다. 미국에 가는 여비로 300달러까지 준비해 놓고 아펜젤러는 박인덕에게 미국 유학을 위한 여권을 발급받으라고 재촉했다. 하지만 박인덕은 이화의 모든 학생들이 간절히 바라는, 미국 유학이라는 고등교육의 기회 대신에 결혼을 선택했고 아펜젤러에게 자신의 결정을 알렸다. 아펜젤러는 제자에게 다시 생각해 보라며 눈물로 간청했다. 그러나 어떤 논쟁이나 설득도 제자의 마음을 되돌릴 수는 없었다.*

이후 박인덕은 남편과의 불행한 결혼 생활과 어려운 경제 여

---

* Induk Pahk, *September Monkey*, New York:Haper & Brothers, 1954, pp.77–79.

건으로 고생하다가 여선교사들의 주선으로 다시 교사가 되어 생활비를 벌었고 결국 미국 유학을 단행했다. 미국 유학 후에는 학생선교운동본부의 연사가 되어 세계를 순방하고 돌아왔다.

이렇게 자신의 실수를 바로잡아 가는 제자의 모습을 대견해 하며 아펜젤러의 화도 풀렸을 것이다. 이후 아펜젤러는 박인덕의 농촌사업보고회에 참석해 그녀를 격려하고, 그녀가 외국에 나가 있는 동안 박인덕의 딸인 김혜련의 병세를 살피고 병원 입원을 주선하는 등 그 인연을 소중하게 이어나갔다.

스스로의 비전을 만들어간
황애덕

황애덕은 '대한독립만세운동'으로 감옥에 수감되었다가 이화학당 대학부 3학년에 편입, 1924년에 졸업하고 모교의 사감 겸 교사가 되었다. 황애덕의 이화학당 대학과 친구였던 김노다도 이화학당의 교사가 되었는데, 두 사람은 태화 여자관에서 야학 교사로서도 활동했다. 그런데 이는 비밀리에 진행된 일이었다.

그러던 어느 날, 당시 이화학당 당장이었던 아펜젤러가 밤에 기숙사 순회를 하는데 아이들이 너무 떠들고 있었다. 그래서 사감을 찾았으나 야학에 간 황애덕이 자리에 있을 리 없었다. 아펜젤러는 나중에 황애덕을 불러 야학 교사 일을 하겠다고 미리 의논하지 않은 것을 꾸중했다.

이런 일은 또 있었다. 당시 여학교에서는 학생들의 영화관 출입을 금하고 있었다. 그러나 황애덕은 담임하던 4학년생 전부를 데리고 나가 자기가 보고 감명 깊었던 영화를 보여줬던 것이다. 나중에 이 사실을 알게 된 아펜젤러는 화가 머리끝까

이화학당 대학과 10회 졸업생 황애덕
(1924년 졸업)

지 났다. 이에 황애덕은 허락받지 않은 것이 잘못인 줄은 알지만, 아펜젤러가 절대 허락하지 않을 것 같아 그냥 감행했다고 말했다.

당시 대부분의 선교사들은 자기 주장을 내세우고 개성이 강한 사람을 별로 좋아하지 않았다. 하지만 아펜젤러는 '저만큼 향학열을 가진, 희망이 있는 여성도 드물다'고 생각하며 고집스러운 황애덕을 항상 감싸주었다. 황애덕이 미국 유학을 결심하고 추진하고 있을 때 아펜젤러는 학교 장학금을 주겠다고 제안했지만, 황애덕은 그 제의를 거절했다. 독립심이 강하기도 했고 장학금의 대가로 이화학당에서 2년간 의무적으로 일해야 하는 것이 싫었던 탓이다. 황애덕은 미국에서 돈을 벌며

고학할 각오로 자신이 주도적으로 미국 유학을 추진하고 개척하여 1925년 유학길에 올랐다. 그리고 1928년 마침내 컬럼비아대학에서 교육학 석사학위를 받았다. 그녀는 귀국 후 활발한 사회활동을 전개하였고 그 공을 인정받아 1963년 독립유공자 대통령 표창을 받았으며, 1971년 세상을 떠난 뒤에는 정부로부터 독립유공자 단장이 추서됐다.

한국 여성의 능력을 세계에 알린
김활란

3남 5녀 중 다섯째 딸로 태어난 김활란은 다섯 살 때 그녀의 부모가 기독교인이 되면서 삶의 전환기를 맞이하게 되었다. 의지가 강했던 그녀의 어머니는 마음을 다해 기독교에 근거한 새로운 생활에 헌신했고, 딸들에게도 아들과 같이 교육받고 완전한 삶을 살 수 있는 기회를 주겠다고 결심했다.

김활란은 1906년 인천에 있던 영화소학교에 입학했으나 서울로 이사를 오면서 1907년 이화학당에 입학, 1918년에 이화학당 대학과를 졸업할 때까지 줄곧 이화에서 공부했다. 졸업 후에도 이화학당에서 교사로 일하던 그녀는 1920년 여학생 6명과 함께 7인 전도대를 조직해 전국을 순회한다. 당시 일제는 갖가지 방법으로 방해를 해왔지만 전도대는 굴하지 않고 활동을 이어갔다. 결국 일제는 전도대를 중단시키라며 아펜젤러를 압박했고, 어쩔 수 없이 전도대는 순회를 중단하고 학교로 돌아와야 했다. 김활란은 다시 교사로서 온 마음을 다해 일했다.

아펜젤러는 1922년 김활란에게 정신여학교 교사인 김필례

김활란과 아펜젤러(1940년대 후반)

를 만나게 했다. 당시 김필례는 조선YWCA연합회 설립을 위해 노력하고 있었다. 두 사람의 만남으로 조선YWCA연합회 조직 구상이 구체화될 수 있었다.

이후 김활란은 유학길에 올라 1924년 미국 오하이오웨슬리언대학을 졸업했으며 그 이듬해인 1925년에는 보스턴대학에서 석사학위를 취득하게 된다. 그러나 그 후 그녀는 고민에 빠졌다. 곧장 한국으로 돌아가야 할지, 아니면 공부를 계속해 박사학위를 취득해야 할지 중대한 갈림길에 선 것이다. 지도 교수들은 김활란이 박사 과정에 진학해 공부를 이어가길 바랐다. 반면 한국에서는 아펜젤러를 비롯한 이화의 선교사들이 그녀가 학업을 마치고 빨리 돌아오기만을 기다리고 있었다. 일본에서 정한 법에 따라 1925년 이화학당 대학과가 여자전문학교 체제로 거듭나면서 할 일이 더욱 많아지자, 선교사들은 김활란에게 박사 과정을 미루고 하루바삐 귀환하라고 강력히 호소했던 것이다. 결국 귀국을 결심한 김활란은 이화여전에 돌아와 영어와 종교 과목을 담당했다. 또 이화학당의 초등 과정에서 대학 과정까지 모든 학제의 교과과정을 준비하는 데 조언과 도움을 아끼지 않았다. 이러한 공로를 인정해 1926년, 아펜젤러는 김활란을 이화여전 학감으로 임명했다.

아펜젤러는 김활란을 '한국인의 대표이며, 한국 여성의 능력과 가치를 나타내는 살아 있는 증거'라고 표현했다. 또한 김활란의 활약을 지켜보며 "주님은 한국 소녀들 가운데 찾아내어 다듬어주기를 기다리는, 김활란 같은 소중한 보석들을 얼마나 많이 숨겨둔 것일까?"라고 말할 만큼 그녀를 자랑스러워했다. 1939년 아펜젤러는 김활란에게 이화여자전문학교의 교장직을 물려주었다.

죽는 순간까지 이화를 위해 기도한
김애다

아펜젤러를 가장 가슴 아프게 한 제자를 꼽으라면 아마도 김애다*일 것이다. 아펜젤러가 김애다를 처음 만났을 때, 그녀는 아주 건강한 여학생이었다. 그녀의 아버지는 김종우 목사였는데, 그들 부녀는 깊은 신앙심을 가지고 있었다. 김애다는 이화가 외국에 유학을 보내 능력을 키워주고픈 여성의 모든 조건을 갖추고 있었다. 하지만 그녀는 결핵이라는 병에 걸려 5년이라는 고통의 시간을 보내야 했다. 심한 고통으로 공부는 고사하고 무언가를 생각하기도 힘들었고 심지어 기도조차 하기 힘들어했다.

그러나 김애다는 4년 동안 중재 · 간구의 계획을 실행했다. 일요일은 교회, 월요일은 학교, 화요일은 병원, 수요일은 사회사업 등의 순이었다. 항목마다 그와 연관된 기관과 사람들의 이름을 붙여놓고 그 이름을 부르며 기도했다. 김애다는 활력

* Alice R. Appenzeller, "Ada Kim–an Intercessor", *KMF*, 1932.1, pp.18–19.

김애다를 기념해 본관 3층에 마련된
애다기도실

에 차 기쁨으로 기도했고 이러한 믿음 안에서 그녀의 기도는 응답을 받았다. 새로운 이화를 위한 모금 활동이 있을 때마다 그녀는 매일 기도를 했다. 이화에 일어난 영적인 후원과 놀라운 인도는 모두 김애다의 기도 덕분인 것만 같았다. 그녀는 이화에 좋은 일이 일어날 때마다 미소를 지으며 "내가 기도한 대로 일이 되었다."고 말했다.

그렇게 병마와 싸우며 잘 견뎌내는 듯 보이던 김애다는 결국 전문학교 4학년 때 쓰러지고 말았다. 감기 증상을 보이며 갑자기 심하게 아프기 시작했던 것이다. 선교사들은 그녀를 죽게 내버려 둘 수 없었다. 그녀는 이화에 너무나 필요한 존재였다. 하지만 결국 김애다는 세상을 떠났다. 그녀가 아펜젤러에게 보낸 마지막 편지에는 영어로 “저는 제가 계획했던 시급한 일들을 할 수 없어서 걱정이 많았습니다. 하지만 아버지께서는 제게 하나님이 저의 기도를 헤아려주신다고 하셨기에 저는 제 온 힘을 다해 기도했습니다.”라고 적혀 있었다. 이에 아펜젤러는 이화여전 신촌 캠퍼스에 조용히 기도와 예배를 드릴 수 있는 방을 만들었고 그녀의 이름을 따서 애다기도실이라고 불렀다.

아펜젤러 연보

1885. 11. 9.	서울 정동에서 출생
1886. 4. 24.	유아세례를 받음
1896	중국 지푸에 있는 학교에 입학
1900	가족 모두가 유럽을 경유해 미국으로 감
1902.4. - 1905.2.	랭카스터 시에 있는 십편학교 다님
1909.2.	매사추세츠 주 웰슬리대학 졸업. B.A. 학위 취득
1909 - 1913	십편학교 교사 역임
1910	매사추세츠 주 하버드대학 여름학기 수강
1915	WFMS 선교사 임명을 받고 한국에 옴. 이화학당 교사로 부임.
	이화학당 메이퀸 추대
1921.2 - 1922.4	컬럼비아대학 사범대학에서 교육학 석사학위 취득
1921 - 1950	학교법인 이화학당 이사
1922.10	제6대 이화학당장 취임
1924.7	신촌 교사 대지 구입

1925.4	이화여자전문학교 개편에 따라 이화여전 교장 취임
1927	뉴욕대학 특별강좌 수강
1928.12 - 1931.2.	건축비 45만 달러 모금차 도미, 뉴욕에 모금실행위원회 사무실을 두고 모금 운동
1932	기독교 조선 감리교회 목사에 임명
1935.3.9.	신촌 캠퍼스 일부 완공으로 교사 이전
1937.6.	보스턴대학 명예박사(교육학) 학위 수령
1939.4.	이화여자전문학교 교장직 사퇴, 명예 교장 추대
1940.11.16.	미일 관계 악화로 귀국
1940 - 1943	미국 스캐릿대학 교수 재직
1943 - 1946	하와이의 한인들을 위한 선교 사업 종사
1946.12.	이화에 복교, 이화여자대학교 명예 총장 취임
1950.2.20.	채플 시간에 뇌일혈로 별세, 사회장으로 양화진 외인 선교사 묘지에 안장

한국 근대 여성 교육의 기틀을 다지다

아펜젤러

펴낸날_ 1판 1쇄 2011년 10월 7일
지은이_ 김성은
펴낸이_ 김훈순
펴낸곳_ 이화여자대학교출판부
주소_ 서울시 서대문구 이화여대길 52 (120-750)
등록_ 1954년 7월 6일 제9-61호
전화_ 02) 362-2966(편집), 02) 362-6076(마케팅)
팩스_ 02) 312-4312
전자우편_ press@ewha.ac.kr
인터넷서점_ www.ewhapress.com
책임편집_ 이정원
디자인_ 정혜진
찍은곳_ 한영문화사

ISBN 978-89-7300-935-0 03990
값 15,000원

* 잘못된 책은 바꾸어 드립니다.